S C I E N C E

学理群研 教益展拓

北京市东城区史家教育集团 编著

中国发展出版社
CHINA DEVELOPMENT PRESS

图书在版编目（CIP）数据

学理群研　教益展拓/北京市东城区史家教育集团编著 .
北京：中国发展出版社，2018. 8
ISBN 978 - 7 - 5177 - 0893 - 3

Ⅰ . ①学… 　Ⅱ . ①北… 　Ⅲ . ①小学教育—教育研究
Ⅳ . ①G622. 0

中国版本图书馆 CIP 数据核字（2018）第 191800 号

书　　　　名：学理群研　教益展拓
著作责任者：北京市东城区史家教育集团
出 版 发 行：中国发展出版社
　　　　　　（北京市西城区百万庄大街 16 号 8 层　100037）
标 准 书 号：ISBN 978 - 7 - 5177 - 0893 - 3
经 销 者：各地新华书店
印 刷 者：三河市东方印刷有限公司
开　　　　本：710mm × 1000mm　1/16
印　　　　张：16
字　　　　数：238 千字
版　　　　次：2018 年 8 月第 1 版
印　　　　次：2018 年 8 月第 1 次印刷
定　　　　价：40. 00 元

联 系 电 话：(010) 68990642　68990692
购 书 热 线：(010) 68990682　68990686
网 络 订 购：http://zgfzcbs. tmall. com//
网 购 电 话：(010) 68990639　88333349
本 社 网 址：http://www. develpress. com. cn
电 子 邮 件：fazhanreader@ 163. com

本书编委会

编委会主任：

王　欢　洪　伟

编委会副主任：

范汝梅　金　强　南春山　陈凤伟　王　伟　金少良

主编：

吕闽松

编委：（按姓氏笔画排序）

马淑芳	王　伟	王　欢	王　静	王　瑾	王旭红
王潇雨	牛东芳	左明旭	石　濛	吕闽松	刘　迎
刘伟男	刘延光	闫春芳	许觊潘	孙桂丽	苏浩男
杜贝贝	杜欣月	杜建萍	杨　丽	杨　晨	杨昕明
李　宏	李　洋	李　娟	李　晶	李丽霞	李梦裙
李雪莹	李惠霞	肖　畅	吴　玥	吴　斯	吴丽梅
何　群	张　滢	张欣欣	张春艳	张斌轩	陈　纲
陈凤伟	陈亚虹	金　强	金少良	周　霞	贾维琳
郭志滨	陶淑磊	曹艳昕	梁　晨	路　莹	鲍　虹
鲍　彬					

前　言

　　史家教育集团是在北京市义务教育综合改革中应运而生的教育公平命运共同体。集团龙头校史家小学始建于 1939 年。自 20 世纪 90 年代以来，史家小学以"和谐教育"为办学特色，在教育教学实践中形成了"人与知识、人与自身、人与人、人与社会、人与自然"的和谐为框架的和谐育人体系。在义务教育综合改革中，史家小学携手遂安伯小学、史家实验学校、史家七条小学、史家小学分校、西总布小学，组建了一个集"入盟入带一贯制"为一体的史家教育集团，为促进教育公平、推动区域均衡打造了一个新的载体。

　　集团成立以来，以落实党的十八大精神立德树人为根本任务的核心，以提高教育教学质量为主题，以推进集团化办学建设为目标开展了两次教育教学成果征集。

　　在教育教学成果的征集中：

　　强化集团和谐育人理念的达成；

　　强化集团课程建设的整体发展；

　　强化课堂教学方式的转变为学生成长提供无限可能。

　　引导建立科学的教育教学评价体系，提升学生的学业质量；

　　引导全方位育人的德育协同教育，促进学生身心健康成长；

　　引导教师教育教学理念转变为可操做的教学行为，促进教师的专业发展。

　　集团教师积极参与，在评审出的优秀成果中可以看到：

1. 重点突出：聚焦集团发展中的管理机制建设，课程改革、教育教学改革的热点、难点问题，有观点、有理论、有实践。

2. 富于创新。倡导教师在推进集团化建设中，提出课程建设、教育教学的新见解、新观点、新理论、新方法。

3. 论证科学。论文从实际出发，论据充分、有力，思想先进，观点明确，理论创新，论证严谨，表述准确。

4. 面向实际。积极倡导理论联系实际的科研风尚，论题应源于实践，立足现实，富有针对性和指导意义。

这本书汇集了史家教育集团教师们在集团化办学过程中的智慧成果。

目　录

第 **1** 部分

学科研修

学科教学是集团教育教学的主阵地，在集团化办学中教师们真教，学生们真学；教师们引导，学生们善思。

　　真学：以真实而具体的事物为载体，鼓励学生通过看、听、触摸、问询、讨论等方式开展自主探究学习，帮助学生掌握学习的方法。

　　善思：将问题的发现、研究和解决作为课堂教学中将学生学习动力与学习活动有机统一的主线，鼓励学生敢于质疑、大胆发问、合理猜想、总结反思。

小学体育课堂目标改革实验评价研究

刘延光　杨　晨

一、问题的提出

2000 年底，教育部先后印发了九年义务教育和全日制普通高级中学的《体育与健康大纲》，这次体育课程改革涉及指导思想、目标、内容和评价等几方面。

我校是全国知名的重点小学。它从成立到现在，在办学规模上已经有了很大的发展，生存与发展取决于自身的办学实力。在校学生具有思维活跃、参与意识强等特点，但学生不能正确评价自己，缺乏团结协作的精神。

二、实验的内容和研究方法

从 2013 年 10 月到 2014 年 6 月，我们对我校高年级学生进行了自主评价的实验研究，分别在四年级、五年级、六年级中各找了一个实验班和对照班。在教学中尝试让学生参与课的组织管理，结合教学内容为学生创设参与教学活动的条件，培养学生发现问题、分析问题、解决问题的能力。及时而公正的评价，使学生在活动的过程中享受体育所带来的快乐，有利于形成良好的学习动机，为终身体育打下基础。

三、目标评价的内容和方法

1. 目标评价的指标

采用运动能力测定指标和目标等级指标。运动能力指标是运动项目按照考试评分标准所测定的成绩；目标等级指标按评分标准为依据划分为 4 个目标等级（见表 1），根据学生在学习结束时所完成的目标技术给予相应的成绩：（1）保持原有等级为 2 分；（2）每月一个等级累加 2 分；（3）原等级为最高级的，结束时考试成绩比原来高，计 4 分。

表 1 目标评价等级

项目成绩	60 分以下	60～75 分	75～89 分	90 分以上
目标层次	再努力	完成	良好	优秀
目标等级	1	2	3	4

2. 目标评价的计算公式

项目成绩 = 运动成绩 + 完成的目标等级成绩

体育成绩 = 项目成绩总和 ÷ 项目数

项目成绩和体育成绩最高分为 100 分。

3. 评价方法操作原则

（1）运动成绩；（2）兴趣与特长发展；（3）健康状况。

四、结果与分析

1. 实验班和对照班同学在实验前后各项指标的变化情况

实验前后学生对体育课态度的变化、各项指标的变化情况见表 2、表 3。

表 2 实验前后学生对体育课态度的变化统计

内容	是否喜欢上体育课		是否喜欢按老师布置的意图练习	
	是	否	是	否
实验前	103	5	18	103 - 18 = 85
实验后	108	0	97	108 - 97 = 11

表 3 实验前后各项指标变化情况

内容	主动性	合作能力	交往与自我评价	体育的价值认识
	T	P	P	P
实验前	3.316	$P = 0.001$	$P = 0.001 > 0.002$	$P = 0.389 > 0.05$
实验后	3.811	$P < 0.001$	$P = 0.001 > 0.004$	$P = 0.387 > 0.05$

2. 实验前后身体机能和测验成绩对比

实验班和对照班在实验前测量的各项指标，几乎没有差距，这说明学生的生理机能和身体素质没有明显差别，学生基本情况相同。实验前后各项指标差值对比反映出实验班和对照班各项指标存在显著差异，实验班要优于对照班，见表4。

表4　　　　　　　　　实验前后测验成绩对比

测查项目		统计内容	N	X	S	T	P	效果
50米（秒）	男	实验班	19	8.34	0.60	4.03	<0.01	非常显著
		对照班	19	9.00	0.47			
	女	实验班	18	9.00	0.37	3.33	<0.01	非常显著
		对照班	18	9.40	0.43			
立定跳远	男	实验班	19	182.2	11.2	1.924	>0.05	不显著
		对照班	19	175.9	11.6			
	女	实验班	18	174.9	12.3	3.62	<0.01	非常显著
		对照班	18	162.2	10.4			
400米跑（秒）	男	实验班	19	89.5	7.33	2.55	<0.05	显著
		对照班	19	92.5	8.21			
	女	实验班	18	95.7	5.21	6.46	<0.01	非常显著
		对照班	18	102.9	7.24			
1分钟仰卧起坐	男	实验班	19	29	4.18	2.31	<0.05	显著
		对照班	19	26	2.04			
	女	实验班	18	24	2.89	3.21	<0.01	非常显著
		对照班	18	20	2.73			
1分钟跳绳	男	实验班	19	140	8.39	3.23	<0.01	非常显著
		对照班	19	125	7.50			
	女	实验班	18	145	8.92	2.31	<0.05	显著
		对照班	18	139	8.12			

三、分析

从数据中我们可以看出，在体育课堂教学中，依据《体育与健康教学大纲》的精神，进行教学模式的改革，极大地改善了课堂效果，提高了教学质量。新的教学模式，使学生的主动性，包括注意力、参与性、积极性等方面有了很大改善，目标的制定是学生参与学和练行为的关键，它是学生的动力机制。在组织过程中教师创设的民主、宽松的课堂气氛，有利于培养学生的探索意识，促进其体育意识的加强；另外，学生自我实现的需要通过自己不断的努力得到了满足，如在课的准备活动中，学生自主选择内容、自主编操、自喊口令等，学生的掌声、老师的鼓励都能让学生得到心理上的满足，形成对下一次的期盼，学生会以积极的态度投入到体育活动和锻炼当中。学生的合作能力是在学习当中进行的自我了解、自我认识和自我评价，进而根据自己的不足，调整自己学习的能力。学生的主动合作能力、自我评价、相互评价能力有显著提高，当学生发现成功来源于自己的努力时则会表现出较高水平的自我监控，它是现代学生体育学习的必备素质。学生在学习的主动性和合作能力、自我评价和相互评价两方面非常显著。

在学生的交往合作和情意表现上，实验班具有较高的显著性。这种结果来自于教师有意识地在课堂教学环节上进行设计和改革，给学生创造广阔的合作空间。在实验中，教师赋予学生很大的自主权，学生按兴趣爱好、关系远近自由组合，形成若干个练习单位，这些单位内部的关系是融洽的，学生的积极性得到激发，他们的思维得到充分的发挥，对问题和困难的解决容易达成共识，有利于个人和集体智慧的实现。在合作过程中也出现了一批学生骨干，在班级和校级的比赛中，他们起到了很好的组织和表率作用，有利于同学和班级间的团结。

另外，虽然实验班的同学对体育价值的认识有所提高，但与对照班相比没有明显差异，这是因为在实验过程中教师的指导还存在一些问题，教师的大体育观不是很强，虽然在教法中有了许多新的突破，但还是比较强调知识和技能的掌握，对理论知识的学习还没有达到一定水平，还不能对一些问题进行思考等（见图1）。加强对体育价值的真正认识，将有助于激发学生对体育学习的兴趣并积极参加体育锻炼。

四、结论与建议

1. 结论

（1）通过实验证明，学生参与课堂的组织与管理，有效地提高了体育课本的利用，学生收集和整理资料的能力、语言的表达能力、参与的积极性、组织管理的能力等都有所增强。形成具有不同特色的班级准备活动体系，学

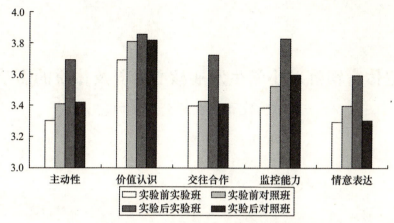

图1　实验前后实验班和对照班差异性检查

生不断在此基础上推陈出新，从而带动整个班，甚至整个年级水平的提高。

（2）自我评价表的利用，对提高学生学习的主动性、提高自我控制力、促进学生的交往与合作、培养学生的自信心意志力等具有重要作用。通过学生的自主评价，教师能及时了解学生的单元学习情况，有利于教师对学生进行指导，设计教学场景，改进教学方法，提高教学质量。

（3）让学生了解自我评价的方法，加速了学生对体育目标的内化，促进了教学目标的实现，变学生被动学习为主动学习，体现了学生的主体地位。

（4）学生自主锻炼意识得到了增强，形成了课内课外的良性循环。在课上学生积极参与，在课下，他们也能把课上的所学，通过与实际情况的结合，运用到课外体育活动中。

（5）学习过程中的自我控制力是学生为了达到自己的学习目标，不断进行自我改进、调整、评价和补救的过程，是学生自我意识的实现过程，是现代体育学习中必备的素质之一。

（6）由于体质的增强，学生的发病率降低。

2. 建议

（1）加强教师对学生自我评价的指导，转变学生的观念，使学生能够客观准确地进行自我评价。

（2）教师要树立大体育观的思想，通过课堂教学，培养学生终身受益的思想和方法。

家庭体育锻炼对小学生发展核心素养及体质的影响

——以我校五年级部分学生为例

牛东芳

一、前言

我国青少年学生体质连续 20 年呈下降趋势，教育部出台一系列相关政策、文件，但效果仍旧不明显。我校积极响应国家号召，每年都举办不同主题的运动会，在校学生的体质水平有了明显提高。通过访谈、发放问卷了解到学生在学校锻炼的时间能够得到保障，但家庭训练时间少之又少，还有大部分学生没有回家体育锻炼的习惯，对体育锻炼没有兴趣。如何提高学生体育锻炼的兴趣，养成终身体育锻炼的习惯是本论文的研究重点。

实验共分为三个阶段。第一个阶段，教师初步制定家庭体育锻炼内容，学生记录锻炼时间、次数，家长签字。体育队长负责每天写记事，教师提醒练习。第二个阶段，教师丰富锻炼内容，增加锻炼次数、组次，并鼓励学生自己制定喜欢的锻炼内容。第三个阶段，教师不安排锻炼内容，学生自主完成锻炼，帮助学生养成体育锻炼的习惯。

二、研究结果与分析

据问卷调查，学生在校体育运动达到一小时，但家庭体育运动却很少进行。有 60% 的学生回到家后就是写作业、看电脑、打游戏，手指得到了很好的锻炼。有 40% 左右的同学回到家后不再下楼。78% 的学生放学后会参与各种补习班。通过调查发现，很多学生没有家庭体育锻炼，没有养成体育锻炼的习惯。

（一）确定家庭体育锻炼的内容

《我的锻炼计划》制定的原则是以提高学生体质为目的，重点是提高学生力量、速度、柔韧和协调等方面的同时利用体育锻炼发展学生核心素养。例如，肩上举、俯卧撑、蹲起、立卧撑、仰卧起坐、两头起、背肌、平板支撑、跳绳、跳起摸高、团身跳、高抬腿跑、坐位体前屈，正、侧压腿……

教师针对不同学生制定锻炼内容、锻炼方法、练习次数，至少制定四项以上，学生根据教师制定的锻炼内容选出四项进行练习并制定练习记录表，如表1所示。

表1　　　　　　　　　　　　《我的锻炼计划》记录表

日期	锻炼内容	锻炼次数	评价	家长签字

制定计划时，充分考虑不同学生的体质情况，在优势、劣势项目上同时制定计划，并符合体育训练科学，使学生的优势充分发挥并带动劣势。这种方案可以提高学生自信心，减少抵触情绪，减少课余占用的时间，使学生展示了自我的优势能力，更加愿意参与体育运动，增强了学生自信心，同时减少最初的家长抵制情绪。

（二）家庭体育锻炼对学生发展核心素养的影响

1. 家庭体育锻炼让学生学会学习，养成体育锻炼习惯

我国伟大的教育家叶圣陶明确指出：教育就是培养习惯。通过教师制定家庭体育锻炼计划，督促和检查学生锻炼情况，及时改进和调整锻炼计划；加强意志锻炼，帮助学生克服自身惰性；持之以恒，才能逐渐让学生形成良好的锻炼习惯。

问卷调查如表2、表3所示。

表2　　　　　　　　　《我的锻炼计划》对学生的影响调查　　　　　　　　　N = 220

内 容	有很大影响	百分比（%）	有一定影响	百分比（%）	没有影响	百分比（%）
男 生	108	88.5	14	11.5	0	0
女 生	94	96	4	4	0	0

表3	《我的锻炼计划》对学生有哪些方面的影响调查	N = 220
内　容	人　数	所占百分比
增强体能	220	100%
帮助学生学会学习锻炼	206	94%
促进学生积极锻炼意识	209	95%
逐渐养成体育锻炼习惯	220	100%
培养学生不怕苦累的品质	198	90%
培养学生合作精神和交往能力	196	89%

2. 家庭体育锻炼让学生学会自我管理，拥有健康生活

雅斯贝尔斯在《什么是教育》中这样理解教育："教育的本质意味着：一棵树摇动另一棵树，一朵云推动另一朵云。"①

通过家庭体育锻炼不仅让孩子养成体育锻炼的意识，而且还让孩子学会管理自己的课余时间。教师进行简单调查，如表4所示。因此在实施过程中，就需要老师、家长的鼓励，再小的坚持也是一种力量！

经过老师的提醒和建议，孩子们逐渐学会自我管理了。充分利用时间，有的学生为了完成锻炼，会在学校提前完成课业负担，学会了写作业、补习班、体育锻炼、休闲等课后时间的规划和管理。

表4	《我的锻炼计划》实施过程中遇到困难统计	N = 220
遇到困难统计	人数	百分百
没有时间	176	80%
没有场地	101	46%
懒惰	116	53%
恶劣天气	59	27%

经过教师不断积累，不断反馈学生锻炼成果，也提高家长参与体育锻炼的热情。通过两年的观察，有99%的家长认为体育锻炼对提高学生各方面能力有很大帮助，有1%的家长认为比较有帮助。

3. 家庭体育锻炼增加学生社会实践，培养学生实践创新能力

《我的锻炼计划》第三季，鼓励学生走向社会，多参与社区体育活动，

---

① http://jysbnews.shuren100.com/article/304962/，《教育时报》，2014年8月4日。

最大效率地运用社区体育器材、社区活动场地，提高练习兴趣。学生通过体育锻炼增加社会实践机会，培养学生和小伙伴之间的合作能力！

（三）家庭体育锻炼对学生体质的影响

1. 提高学生综合体质水平

在两年的实施过程中，学生综合体质水平有了很大的提高，本论文以《国家体质健康标准测试》成绩结果为依据。如表5、表6所示。

表5　　　　　　　　　　2014 年学生综合体质水平调查统计　　　　　单位：人、%

班级		优秀	优秀率	良好	良好率	及格	及格率	不及格	不及格率
实验班	1 班	17	41.46	17	41.46	0	0	1	0
	2 班	13	31.71	27	65.85	0	0	1	2.44
	3 班	19	44.19	19	44.191	2.33	0	0	
	4 班	14	35.9	13	33.33	3	7.692	1	2.57
	5 班	17	42.5	20	50	1	2.5	0	0
	6 班	14	35	25	62.5	0	0	0	
对照班	7 班	7	17.5	30	75	3	7.5	0	0
	8 班	16	40	20	50	4	10	0	0
	9 班	12	30	24	60	3	7.5	1	2.5
	10 班	11	28.2	21	53.84	4	10.25	2	5.12
	11 班	9	22.5	28	70	2	5	1	2.5
	12 班	9	23.7	25	65.8	4	10.52	0	0

表6　　　　　　　　　2015 年学生综合体质水平调查统计　　　　　单位：人、%

班级	优秀	优秀率	良好	良好率	及格	及格率	不及格	不及格率
1~6 班	144	59.71	91	37.75	4	1.6	2	1
7~12 班	114	48.92	101	43.37	16	6.86	2	1

2. 提高学生专项运动水平

跳绳运动既锻炼学生综合素质，又是考试内容，跳绳运动，需要场地小，易于操作，因此在《我的锻炼计划》实施过程中，一直对跳绳练习有明确提出需要每天都加强练习，学生跳绳成绩上涨很快。

三、结论与建议

通过两年的家庭锻炼，对学生发展核心素养起到很大作用，学生学会学习，大部分学生能够形成良好的锻炼习惯。能够自我管理课余时间，针对提高学生能力方面有了很大影响。家庭体育锻炼得到家长的认可，家长对学生参加体育锻炼比较支持，通过持之以恒的锻炼，学生综合体质有了明显提高，专项水平提高尤为明显。

小学数学学习困难儿童问题解决中
问题表征的个案调查

肖　畅

学困儿童的数量在每个年龄阶段都占有一定的比例。相关研究表明，学习困难儿童在数学领域表现出的障碍比语文等其他科目更明显。问题解决是小学数学教学的重要内容之一，理解能力是学生正确解题的关键。了解数学学习困难（Mathematical disability，MD）儿童的问题解决中问题表征的情况，对矫治学习困难意义重大。

一、研究对象与方法

1. 个案的选择

根据 MD 筛选标准，选取北京市某小学一名六年级学生作为长期观察对象。该生连续两学期数学成绩居全年级统考最下端第 10 个百分位以下，而语文成绩居于年级第 10 个百分位以上；任课教师对其数学学习能力评定为"差"，而汉语阅读能力评定为"中等"。瑞文标准智力测验的总智商为 94（≥70）；且该生无视听觉障碍、精神疾病、明显器质性脑损伤及其他严重躯体疾病。（研究过程中，简称学困生）

2. 对照组选择

根据数学成绩及任课教师建议，选择一名数学成绩在班级平均水平的学生进行观察与测试，该生瑞文标准智力测验的总智商为 100。（研究过程中，简称对照组）

二、研究工具

自编问题表征测试卷。以下做三点说明：

（1）所选的题目涉及数学知识中比较典型的问题类型。

（2）题目类型涉及文字题和图形题。

（3）基于关系－表征复杂性模型的数学解决问题表征能力测验，参考小学数学教材和教学标准，每类问题解决按照任务难度不同分为两个等级（简单、复杂），每个难度等级上有2道题，共计12道题。

三、研究方法

1. 文献法

收集有关文献资料。

2. 观察法

对学生的测试结果及调查问卷进行分析。对学生答题的正确率及问卷具体作答情况进行探索研究。

3. 口语报告法

采访学生在解决问题过程中的想法与思路，并对被试的数学问题解决过程进行分析。研究者通过录音的形式记录被试完成实验任务的过程，通过整理、分析揭示被试在完成实验任务过程中的思维活动。

四、分析与讨论

1. 学困生问题表征及解题各阶段用时分析

由表1可知，学困生在问题解决过程中，各阶段用时存在较大差距。他在问题表征阶段所用时间过少，不到总时间的10%。这一研究结果恰恰验证了胥兴春（2002）提出的学习困难儿童问题表征时间较短这一观点。

表1　　　　　　　　　　问题解决过程中各阶段所花时间　　　　　　　　单位：秒

	信息感知		问题表征		寻求解题方案		数学运算		监控与反思		总耗时
	时间	百分比（%）	时间	百分比（%）	时间	百分比（%）	时间	百分比（%）	时间	百分比（%）	
学困生	40.7	18.57	15.3	6.97	65.4	29.84	97.8	44.62	0	0	219.2
对照组	30.5	15.07	60.1	29.69	49.3	24.36	56.7	28.01	5.8	2.87	202.4

注：时间是完成每道题的平均时间，单位为秒。

在解题过程中，学困生对关键变量不敏感，不能深入寻找变量之间的联系，而是直接根据题目数据列算式，可知该生不具备较强的逻辑思维连贯性。

在数学运算阶段，学困生对各种运算法则掌握不熟练，且其在口算时，会经常把加法当乘法、把减法当除法，出现各类运算法则混乱的情况。由此可知学困生与对照组的空间想象能力存在一定差距。

两位被试均对"监控与反思"阶段不重视。追问原因：学困生是因为解题速度慢，平时没有检查时间，没有养成验证的习惯；对照组表示简单的题目可以保证正确，没有检查反思的必要，难题再检查。

2. 学困生问题表征及解题各阶段错误情况分析

根据 Gick 等人的研究，在问题解决的不同阶段，我们把错误分为四种类型，如表 2 所示。

表 2　　　　　　　　　　　　问题解决中错误情况

错误类型	错误标准
信息感知错误（口误）	指被试在口语报告过程中，表述上出现了错误但不影响问题正确理解，也不包括笔误
问题表征错误	指被试没有正确理解问题，对问题中的一些关系形成错误理解，影响问题的正确解决
寻求解题方案错误	指被试出现解题思路错误，导致问题不能正确解答（包括列式错误）
数学运算错误	指在进行数学运算时发生的错误

表 3 显示，在信息感知阶段，学困生的口误次数明显多于对照组，平均每题超过 1.0。其次，在问题表征阶段，学困生的表征错误数据为 0.83。最重要的是，学困生解题方案阶段错误情况最严重，一道题会反复试用多种解题策略进行解决。

表 3　　　　　　　　　　　问题解决各阶段错误类型对比

	口误	问题表征错误	寻求解题方案错误	数学运算错误	错误总数
学困生	1.50	0.83	2.25	0.50	5.08
对照组	0.25	0.17	0.17	0.08	0.83

注：错误数为每 1 道题出现错误的平均值。

结合表1、表2、表3可知，由于学困生的表征时间过短，所以其表征的有效性极低。这也恰恰印证了胥兴春（2002）提出的学习困难儿童问题表征缺乏有效性这一观点。

在解题的过程中，不管该学困生使用哪种表征方式，他无法识别题目中一些关键变量，最后表征出的数量关系也基本都是错的。这也导致该生寻求解决方案阶段大量出错，由此可以看出正确表征对于顺利解决问题的重要性。

3. 学困生问题表征的主要类型

表4表明，学困生与对照组的问题表征类型主要集中在两类信息上，即问题中呈现的数字信息和变量信息，但他们对信息的关注重点不同。学困生把大部分注意力放在感知各个题目中的数据上，即更多的使用数字表征。此结论与郑琳娜（2007）研究发现的数学困难儿童的表征类型相对单一这一观点一致。该生没有良好的逻辑思维能力，对变量信息关注不够，必然导致数字表征成为其解题过程中的主要表征方式。

表4　　　　　　　　　　学习困难儿童与对照组问题表征的类型对比

项　目	类　别	次　数
数学表征	学困生	3.33
	对照组	2.08
关系表征	学困生	2.83
	对照组	4.92
图式表征	学困生	0
	对照组	0

注：数目为每道题目中，考查指标的平均数。

在本次的测试题中，被试未出现直接采用图示表征解决问题的情况。经调查，平时只有少部分学生在解题过程中会将数据转换成图式，再使用图式表征。基本说明，六年级题目中能够直接运用图示表征的题目较少，且直接判断出能用已有方法和模式解决问题的学生不占多数。

4. 影响学困生问题表征正确率的各项因素

（1）学习习惯。学困生不具备良好的学习习惯。如：不会对题目重点信息进行标注；没有检查习惯；不能主动背记定理、公式。对此，我建议教师应多次强调需要背记的内容，并对其随时抽查，增强学困生的重视程度，并联合家长课后督促孩子多复习巩固学过的知识。

此外，该生学习迁移能力差，同一类型题目需几道练习才能逐渐掌握。我的建议是，教师可以在课下帮助学生再次梳理同一类型题目的知识结构，让学困生能多经历知识再认的过程。

（2）知识基础。通过长期观察可知，学困生各个知识点之间断层较多，这也是导致他无法正确转换多种变量关系的原因之一。此外，该生还经常忘记各种公式的正确形式，甚至记串。这一情况是长期学习知识不到位累积的结果，需要教师及时督促学生巩固学过的内容。

（3）记忆能力。学困生记忆力不好，首先表现在：刚列出的算式就会忘记自己所求内容是什么。他经常需要重新回到题干，寻找信息。对于数据复杂的内容，比如背记 3.14 分别与 1 到 10 相乘的结果，该生反复背记后，过段时间就会忘干净。对于这一情况，希望家长与老师能对学困生多做一些增强记忆力的训练。

五、结论

（1）学困生问题解决的过程基本符合一般问题的解决模式。但在信息感知、问题表征、寻求解题方案、数学运算和监控与反思这五个阶段中，最后一个阶段十分不受其重视，希望教师在教学的过程中能够注意强化这一点。

（2）学困生的问题表征时间较短。由于没有充足的表征时间，学困生往往形成错误的数量关系，最终导致解题的失败。

（3）学困生的问题表征类型以数字表征为主，类型单一，且缺乏有效性。

（4）影响学困生进行正确问题表征的因素包括学习习惯、知识基础、记忆能力等因素。

参考文献

[1] 胥兴春，刘电芝. 数学学习障碍儿童问题解决的表征研究. 心理科学，2005，28（1）

［2］潘永燕．表征视角下小学六年级学生数学问题解决方式的调查研究．云南师范大学，2015

［3］张妍，钟思嘉，郝春东，刘春梅，蔡丽，韩雪．不同亚型数学学习障碍儿童的执行功能对数学基本能力的影响．中国临床心理学杂志，2013，21（6）

［4］王曙升．4~6年级数学学习困难学生数学应用题阅读理解特点及眼动研究．河南大学发展与教育心理学，2012

［5］郑琳娜，张奇．数学困难儿童的表征类型及其对应用题解决的影响．中国健康心理学杂志，2007，15（6）

"课课练"促进小学生身体素质的跟踪研究

——以史家小学 2014 级学生为例

张欣欣　杜贝贝

一、前言

20 世纪 80 年代初，为提升中小学生体质健康，以"增强学生体质，增进学生健康"为理念，"课课练"应运而生，是与体育课相结合的一种教学模式。本研究围绕基本教材，有计划地在每节体育课上安排 5~8 分钟的素质练习，选择 4~6 个简单易行的项目进行循环练习。其内容包括 30~60 米的加速跑、阻碍伞跑、绳梯、六边形跳、一分钟跳绳等。

二、文献综述

1. 概念界定

毛振明（2011）教授提出"课课练"是在每堂体育课中合理地安排有针对性的、可以对学生身体产生改善作用的身体练习，并科学合理地实施这些练习。

吴健（2010）认为在每节体育课里安排一定时间，指导学生进行身体素质的练习，或立定跳远，或俯卧撑即为"课课练"。

20 世纪 80 年代制定的《中小学体育教学大纲》中写明，一些简单易行、素质练习为主的，旨在增强学生的体质，就是体育"课课练"。

关于"课课练"的定义，专家学者众说纷纭，但其主题一致，即在每节体育课上有计划地、在一定时间内引导学生进行身体素质练习即为"课课练"。

2. "课课练"对学生身体素质的影响研究现状

马成亮、王文清、梁定邦（1997）在《"课课练"对增强学生体质的研究》中，按照全国体质健康测试细则对实验班和对照班学生进行对比，发现"课课练"对大学生身高、体重的发展并无影响，对肺活量、速度素质、下肢爆发力、上肢力量和耐力素质都有促进作用。

张秋宁在谈体育课堂教学变革的两步跨越时提到，"课课练"教学模式是让学生在体育课堂上，在规定的 3~5 分钟内进行身体素质练习。而潘智敏、吴维铭认为时间短，影响锻炼效果。体育课间隔时间、学生练习时间、次数都会对身体造成一定刺激，从而达到超量恢复，增强体能。若运动刺激不足，则影响锻炼效果。练习内容主要是跑、跳、投及一些力量练习。

范雪峰（2011）针对"课课练""有效提高学生体育素质的探究中讲到："教师在每节课都要抽出 8~10 分钟的时间组织学生进行专门的身体素质练习。"邢丽琴（2015）在体育课"课课练"对提高学生体能的教学实验中，选择近下课前 10 分钟左右开展身体素质练习。其具体内容有：5~6 分钟跳绳、隔人追逐跑；俯卧撑、推小车；半蹲跳、高抬腿；仰卧起坐、两头起等。

综上所述，"课课练"的时间安排随着年代的推移、学生身体发展的需求而增长，由最短的 3~5 分钟到长达 10 分钟左右。安排在体育课的课前、课中和课后，但笔者认为，"课课练"内容在准备环节进行最宜，不仅起到热身的作用，还锻炼学生的体能，对专业技能的发展也有促进作用。关于练习内容，大体归纳为以下三类，见图1。此类内容较为传统，学生的兴趣不高，若采用现代体能练习的方法，借助于绳梯、灵敏圈、小栏架等，增强锻炼的趣味性。

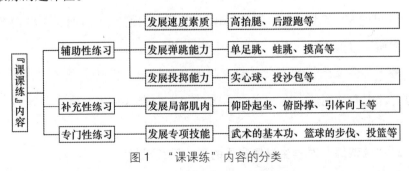

图1　"课课练"内容的分类

三、研究对象及方法

1. 研究对象

以 2014 级 5 个教学班共 191 名学生为研究对象，其中男生 101 名，女生 90 名。从 2014 年入学至今，跟踪学生体育教学"课课练"环节，收集学生体质健康测试数据进行研究分析。

2. 研究方法

（1）观察法。连续三年对史家小学 2014 级学生进行跟踪观察，在体育课上进行"课课练"，整理练习内容，调整完善练习负荷，监测身体素质指标。

（2）文献综述法。在中国期刊网上，以"课课练"为关键词进行检索，查阅大量相关文章，阅读体育教学论、中小学生体质健康等方面的书籍和文章，结合实际教学经验，撰写论文。

（3）数量研究法。收集学生一至三年级的体质健康测试成绩，建学生身体素质发展数据库。运用 Spss18.0、Excel 进行梳理分析，完成定量分析。

四、结果分析

（1）三年间反映小学生体格发育的身高、体重和身体质量指数（BMI）三项指标的变化见表 1。从发育趋势来看，男生平均身高普遍高于女生，男女生增长幅度大体一致；男女生平均体重在一年级时相差无几，二、三年级男生平均体重高于女生，增长幅度快于女生。随着年龄的增长，学生身体质量指数提高，但男生在三年级时的平均水平较二年级低 0.06。

表 1　　　　　　　　　　　　学生体格发育均值

		一年级	二年级	2－1	三年级	3－1	3－2
身高	男生	124.11	130.64	6.54	140.18	16.08	9.54
	女生	122.46	128.65	6.19	137.54	15.08	8.89
体重	男生	24.73	29.58	4.85	33.95	9.22	4.37
	女生	23.85	27.41	3.56	30.86	7.01	3.45
BMI	男生	15.97	17.22	1.26	17.16	1.19	－0.06
	女生	15.83	17.02	1.19	17.07	1.24	0.05

注：BMI＝体重（Kg）/身高 2（m）。

（2）三年间反映学生身体机能的肺活量均值见表2，变化趋势见图2。男生肺活量平均水平呈缓慢增长，女生在二年级的均值较一年级低14.07，三年级较二年级高343.51。

表2　　　　　　　　　　　学生肺活量均值

	一年级	二年级	2-1	三年级	3-1	3-2
男生	1364.11	1460.82	96.71	1776.82	412.71	316.00
女生	1310.33	1296.26	-14.07	1639.78	329.44	343.51

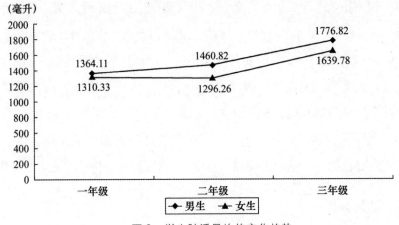

图2　学生肺活量均值变化趋势

（3）三年间三项身体素质综合评价结果，学生的速度素质明显提高；柔韧素质提高缓慢，三年级平均水平低于二年级；一分钟跳绳有所提高（见表3）。

表3　　　　　　　　学生身体素质评价总分与单项成绩均值

		一年级	二年级	2-1	三年级	3-1	3-2
总分	男生	82.68	87.37	4.69	85.87	3.20	-1.49
	女生	87.48	89.18	1.70	86.76	-0.72	-2.42
50米	男生	11.12	10.44	-0.68	9.92	-1.20	-0.52
	女生	11.65	10.97	-0.68	10.32	-1.33	-0.65
坐位体前屈	男生	10.61	12.38	1.78	9.01	-1.60	-3.38
	女生	14.99	17.38	2.38	14.20	-0.80	-3.18
1分钟跳绳	男生	82.63	106.84	24.21	120.44	37.81	13.60
	女生	91.89	114.68	22.79	127.72	35.83	13.04

男生身体素质评价二年级总分均值高于一年级 4.69，三年级低于二年级 1.49。女生身体素质评价二年级总分均值高于一年级 1.7，增长幅度小于男生；三年级低于二年级 2.42，减少幅度大于男生。因此，小学男生的身体素质较好于女生。

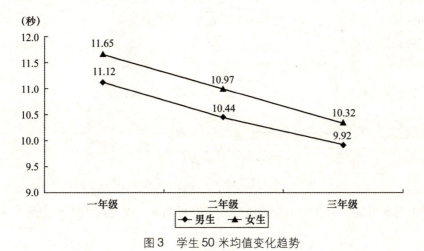

图 3　学生 50 米均值变化趋势

由图 3 可见，男女生 50 米平均成绩明显提高，男生速度素质好于女生。二年级较一年级男女生增长幅度一致，均为 0.68。三年级女生较男生增长幅度稍高。

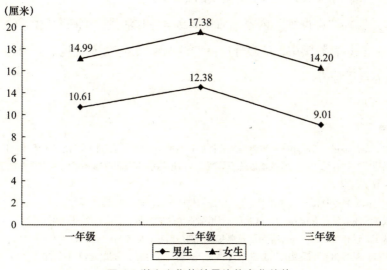

图 4　学生坐位体前屈均值变化趋势

由图 4 可见，反映学生柔韧素质的指标坐位体前屈，测试男女生均表现为二年级较一年级有所提高，三年级较二年级呈下降趋势。女生柔韧素质明显好于男生。

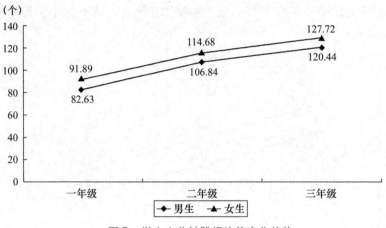

图 5 学生 1 分钟跳绳均值变化趋势

由图 5 可见，男女生 1 分钟跳绳成绩有所提高，女生跳绳水平普遍优于男生。

五、结论与建议

（1）"课课练"作为一种教学手段，对提高小学生速度素质、跳跃素质有显著效果，对身体机能、柔韧素质的影响较小。

（2）完善"课课练"内容，加强提高学生肺活量、柔韧素质的练习。

（3）在体育教学中，应合理应用"课课练"，有针对性地、全面地进行各种身体素质练习。

参考文献

[1] 潘智敏，吴维铭．"课课练"教学模式的优势和不足及对策．当代体育科技，2015（20）

[2] 毛振明．在体育课中如何有效地锻炼身体（上）：论当前体育课改形势下的"课课练"回归．体育教学，2011（1）

[3] 吴键．归去来兮身体素质"课课练"．中国学校体育，2010（8）

[4] 马成亮，王文清，梁定邦．"课课练"对增强学生体质的研究．体育学刊，1997（3）

[5] 张秋宁．返朴与导新——体育课堂教学变革的两步跨越．体育与科学，2001（2）

[6] 潘智敏，吴维铭．"课课练"教学模式的优势和不足及对策．当代体育科技，2015（20）

[7] 范雪锋．"课课练"有效提高学生体育素质的探究．才智，2012（5）

[8] 邢丽琴．体育课"课课练"对提高学生体能的探讨．中国市场，2015（40）

让学生在探究中自主学习语文

李惠霞

新课程改革提出要遵循"以学生发展为本"的理念，大力倡导建立自主、合作、探究的学习方式，让学生做学习的主人。这给新时期的教师提出了更高的要求。如何教、教什么、为何而教等一系列问题摆在了我们面前。布鲁纳认为，人的认知是一个过程，而不是一个结果。他强调教一个人某门学科，不是要使他把一些结果记下来，而是要教他参与把知识建立起来的过程。

笔者认为，在语文教学的实践中，我们要运用现代教学思想，根据不同的教学内容，多方引导学生参与获取知识的思维过程，从而促进自主学习能力的提高，有效地提升教学质量。

一、"授人以鱼""授人以渔""悟其渔识"三重境界是语文教学的必经之路

我国的陈士文和韦波富老师在《备课新思维——与学生对话》一书中提出教学要经过的三重境界："授人以鱼""授人以渔""悟其渔识"。简单的三个短语，却道出了教师教法的选择、学生知识的获得以及学生自主学习能力的提高之间的内在联系。

1. "授人以鱼"是语文教学的第一境界

教师教学首先要教给学生知识，学生在掌握知识的基础上和过程中形成能力。知识是能力形成的基础，能力的培养以知识为载体，知识和能力不是割裂的。企图脱离知识达到能力培养的，只是一种美好的愿望，在现实中是很难做到的。学生只有掌握了基础知识才有可能学习能力方面的知识，近而再不断提高能力。

2. "授人以渔"是语文教学的第二境界

教师要授予学生基础的、普遍的、典型的学习方法。学生从模仿开始，逐步内化，形成自己的技能技巧，甚至创造出自己的学习方法。对教师来说，这绝不是从形式上教给学生一些技能，而重在思维的开发。可以说，"授人以鱼"是给学生一杯水，而"授人以渔"则是教会学生自己去找水，这样学生就有喝不完的水。

3. "悟其渔识"是教学的第三境界

知识是解决问题的基础，能力是把知识转化为解决问题的工具，而此时学生经过思考获得的见识则是对知识和能力的应用方向、方法、方式做的引领。

可以说，"授人以渔""授人以渔""授人渔识"三重境界是教学的必经过程，是教学的三个阶段。这三个阶段虽有交叉，却是一种递进上升的过程，而不是自然发展。

二、教师在"授人以鱼"中"授人以渔"，让学生从"悟其渔识"中享受乐趣

语文新课标中指出：教师是学生活动的组织者和引导者，教师要教会学生学习的方法，培养学生自主学习的能力。

1. 教师要引导学生在质疑、探究中悟其"渔识"，培养学生自主学习的主动意识

（1）鼓励学生质疑问难，做学习的主人。"学起于思，思源于疑。"质疑最能调动学生读书、思索、答问的积极性，发展学生的创新思维能力，真正使学生成为学习的主人。教师应善于利用学生已有的知识，诱发学生质疑问难，鼓励他们从"不敢问"到"勇于问"，并通过引导，教给质疑方法，让学生做到既"勇于"更"善于"质疑问难，提高探究学习的效率。

教学中，教师要适时引导和鼓励学生发现不懂或不太懂的字、词、句、段方面的问题，以便给予有的放矢的辅导，从而收到举一反三的效果。教材中许多课文的课题都有画龙点睛的作用，在阅读教学中引导学生针对课题质疑，可以加深对文章的理解。有时针对课文的内容中看似矛盾之处质

疑，可以使学生自己悟出其中的道理，提高认识。标点符号的用法不一样，也可以帮助我们辨别句子的语气，从而理解课文内容，所以还可以引导学生从标点处质疑等。

（2）引导学生探究，在探究中品悟，满足每个学生在学习上的需求。"渔识"主要靠"悟"而不是"授"，既有自发的悟，又可有意识地进行悟。学生自发的悟，可能要多花时间、多走弯路，所以，在语文教学中，教师要善于引导。

例如，预习课文时，我引导学生读课文，解决字词问题。对生字注音，划出生词；对自己不理解的词语通过自己喜欢的方式解决，记不住的在旁边批注解释。在了解课文内容的基础上，针对课文题目或内容提出自己不懂的问题，并在书上做标记，把问题拿到课堂上来共同解决。起初，班里就有 10 多个同学做，我就每天鼓励，并对一些学生大胆地创新大加赞赏，把他的创新点展示给所有同学，夸他是我们班的创新者！就这样，整整一个学期过去了，全班学生都开始了这项工作，并乐在其中，而且在我提供方法的基础上还有了自己的新意。比如：识字时，找一找形近字来帮助记忆，对个别字查一查字典，找出偏旁部首来帮助记忆。有些学生还查阅很多资料寻找一些字的起源方面的知识；有的搜寻一些有关课文内容的课外资料进行辅助学习；有的同学更有新意，他在预习作业的最后还写了初读这篇文章的感受，同时还通过阅读课外书籍、上网甚至通过调查问卷等形式来阐述和证明自己的观点，让人赞叹不已！

综上所述，教师只规定了每个学生都必须达到的最低点，但在老师一次次的赞赏和引导下，学生却丰富了那么多的内容。其实，在这个过程中，我们不知不觉就培养了学生自主学习的能力，让学生自己悟出了学习的一些方法，在悟的过程中，孩子们也亲自体会到了学习带来的乐趣。

2. 教师要鼓励学生从生活中寻找语文，激发学生的学习兴趣

众多周知，兴趣是最好的老师，有了兴趣就有了学习的动力。但我在与孩子的交流中发现，有的学生往往对语文学习的某些方面提不起兴趣，比如作文。我想这肯定也是大家苦恼的问题。分析原因，说法不一。但有一点是肯定的：我们在作文指导时还没有真正关注到学生的情感体验，激活他们的生活积累，使学生产生强烈的倾吐欲望。我认为，让孩子们的写作真实，有可能是激发他们写作兴趣的最好表现，为此我做了一次大胆的尝试。

一天，我拿着一本精致的小册子走进教室，这吸引了孩子们的目光，他们都想知道这漂亮的书皮里面是什么内容。我如其所愿，打开了本子，第一页赫然写着"六十班的故事"几个字，学生百思不得其解，我又翻到了第二页，声情并茂地读起来："在一个阳光灿烂的日子里，李老师手捧一本精致的册子兴冲冲地跑了进来。"学生们听得正如神，我戛然而止。孩子不干了："接下来呢？"我叹了口气："没了！不过预知后事如何这就交给你们啦！从今天开始，这个本子属于你们，我们每位同学拥有它一天，不过在这一天里，你要把这个故事续写下去。下一位同学要接着前面同学的继续写。谁愿意第一个拥有它？"学生第一次接受这种"任务"，兴趣一下子来了，纷纷举手。我把它交给了一位最积极的孩子，课下，我看见她迫不及待地写了起来。46天过去了，班长把这个本子交给了我，我仔细地阅读，孩子们在这个本上的习作大部分都来自于我们的生活，虽然有的写得有些琐碎，但很明显大部分同学的写作水平高于他们的日常习作。虽然在本上也体现出了学生的差异性，有的同学写了近千字，内容完整，情节曲折，有的同学只写了一段甚至几行，但孩子们写作的热情确实提高了，他们在我朗读这部"巨作"时，潜移默化地感受到了写作的乐趣。

在新课程改革大力倡导建立自主、合作、探究的学习方式的今天，语文教师应该树立"以学生发展为本"的理念，在"授人以鱼"中"授人以渔"，鞠躬尽瘁；学生才会从"悟其渔识"中享受乐趣，乐此不疲！

运用"微表达"提升学生表达能力的实践研究

陈亚虹

一、"微表达"研究背景

(一) 语文课中的表达

《语文课标》指出：语文课程是一门学习文字运用的综合性、实践性课程。义务教育阶段的语文课程，应使学生初步学会运用祖国语言文字进行交流沟通，吸收古今中外优秀文化，提高思想文化修养，促进自身精神成长。

表达能力又叫做表现能力或显示能力，是在语言能力基础上发展的一种语用能力，是语文课中应当培养的一种重要能力。

语文课中的表达途径很多，如读、说、写、辩等。每一节语文课都离不开表达。如何用有限的时间为学生搭建表达的平台、锻炼表达的能力，是我们研究的重点。

(二) 现实中的学生表达

那么，目前学生表达能力培养的现状又是怎样的呢？针对这一问题，我们对本校五年级 161 名学生进行了问卷调查，结果分析如下。

"在语文课上，面对老师的提问"：超过 70% 的学生选择会思考，有时会举手；20% 的学生选择了不举手，等待答案；15% 的学生发言非常积极，很希望有机会在课堂上展现自我，并对自己充满了信心。

"不愿回答问题的原因"是：有 64.5% 的学生怕答错，不敢说；有 21% 的学生站起来就紧张，说话无条理；还有部分学生不想当众起来表达。结合以上调查结果，可以看出，当前学生在课堂上表达的意愿并不强烈，被动的思考并不能激发他们举手的愿望，大部分学生习惯了等待答案，而不是"说"出自己的见解。

"你语文课上经常参与的表达形式"是：选择回答老师提问的72%；选择参与小组讨论的13%；选择参与表演的1.7%；选择其他方式的1.7%；选择只认真听，不参与表达的占11.3%。可以看出，学生参与表达的形式较单一，且多数是被动地参与表达；同时，11.3%的同学基本上不参与表达，说明在培养学生表达方面，我们的课堂上还存在死角，很多同学更缺少参与表达的热情和机会，这种情况令人堪忧。

"作文好就是表达能力强"：在调查中，认为作文好就等同于表达能力强的人超过了80%；而认为没有关系的只有15%；不到5%的人认为关系不大。这反映出当前的小学生把写作等同于表达，认为能写好作文就是表达能力强，而不去理会其他表达形式。

通过以上数据，我们不难发现，目前学生表达能力培养遇到了很多问题，综合起来有以下几点：

（1）对语言表达的认识存在误区，认为表达就是写作。

（2）训练表达的形式较为单一，课上回答问题，课下写作文。

（3）学生之间、学生与他人之间交流的机会不多。

（4）学生主动参与表达的意愿不强。

那么如何突破学生表达能力培养中的"瓶颈"，为学生创造更多表达交流的机会呢？我们把目光锁定在"微表达"上。"微"指的是时间上的微、空间上的微和内容上的微，即运用短暂的时间、有限的空间，让学生通过组织精短的片段内容来进行表达。

二、"微表达"的具体实施途径

（一）课上的"微表达"

1. 课前"微表达"

每节语文课，利用入课前的1～2分钟时间，让孩子结合所学内容进行创意表达，或是名家名篇介绍，或是对古诗词的理解，或是与文本相关的拓展内容……在这 2 分钟的时间中，孩子们通过课堂这一微小的舞台展示自己的自信，表达自己对文本的理解，同学们的视野被引向课外更广阔的天地。

2. 课中的"微表达"

如果说课前微表达解决了学生"敢说"的问题，那么，课中无时不在的微表达则解决孩子们"会说"的问题。在课上，我们要求教师首先要把时间还给学生，老师的活动和讲解绝不能超过 20 分钟。要从时间上给够孩子们表达的量。其次，我们要求老师们充分利用课上资源，设计多角度多层次的学生活动，为学生提供创意表达的机会。

（1）利用文本创设的情境，给孩子创设"微表达"的空间。我们的课文是孩子们学习的范本，也是孩子们进行表达的载体。教师在教学时要善于挖掘课文中的资源，以课文为背景创设情境，为孩子创设表达的机会。例如，在教学《飞向蓝天的恐龙》一课时，教师先给出一组排列错乱的插图，让学生说一说这样排列的原因是什么，学生在老师的引导下经历了一个将"画"变为"话"的过程。课文中有层次的表达自然而然地成为学生的表达，并在表达中悟到了"法"。

（2）教师放手通过"读""思""辩"，给孩子表达的机会。培养学生的表达能力，关键的一点是教师要敢于放手，给学生更多表达的机会。例如：在复习中让学生自己梳理知识点，然后在班级中进行展示；利用文本中的问题激起学生思想的波澜，进行辩论；等等。我们和传统以教师讲解为主的课堂进行了对比，发现课上学生举手回答问题的频次更高，课后的反馈小测中，以学生讲解为主的相关知识测试正确率更高。这从一个侧面说明，课上给学生更多表达的机会，锻炼的不仅仅是孩子的表达能力，更锻炼了孩子的思维能力。

（3）根据文本描述的情景在课上进行再现。通过表演、实验等形式再现课文中的描写，也是微表达的一种形式。看似在表演，其实是用表演的形式将课本中的语言活化，立体化。在这个过程中学生有对文本的理解过程，有对语言的内化过程，有二度创作的思考过程，也有和同伴配合的沟通过程。

（二）课下"微表达"

1. 通过网络平台延续微表达

我校充分利用网络平台为学生创设"微表达"的空间。很多班级通过学校"家校新时空"这一网络平台建立起"小小听书馆""童真童话"板块。在这些板块中，学生们或推荐自己喜爱的图书，或朗诵一段名家名篇，或记录下自己的点滴感受，尽情表达，交流情感。

除了"家校新时空"这一平台外，学校还充分利用"自媒体"引导学生进行创意表达。有的班级利用朋友圈成立了"自组织"，"与你共读""小小国学会"等都是学生们交流、表达的平台。

学生们交流平台

三、"微表达"给学生带来的改变

（一）更多的学生乐于表达

为了了解学生对"微表达"的接受程度，我们再次对原五年级的 161 名学生进行了问卷调查，调查显示：94.5％的同学表示经过课前微表达自己的自信心有所提升；91％的同学表示相对于平时作文，他们更欢迎"微作文"的形式。

这一系列的数字说明 2 分钟的创意表达让更多的学生摆脱了课堂提问的牵绊，在自由命题的创意表达中展示自我，这是表达能力提高的开始。

（二）课堂上学生表达的机会更多

"微表达"无形中给孩子们创设了更多活动的空间，更多的孩子有机会参与到表达中来。在对五年级同学的问卷中显示：本学期，有 100％的同学参与了课前"2 分钟表达"，其中有 86％的同学至少参与了两次"课前微表达"。

在回答之前的"你语文课上经常参与的表达形式是什么"这一问题时，选择回答老师提问的 69％，选择参与小组讨论的 24％，较之前的 13％提升了 11 个百分点；选择参与表演的 2.3％，选择其他方式的 2.1％，较之前提升了 0.4 个百分点；选择只认真听，不参与表达的只有 3％。

以上数据表明，我们的课堂正由传统课堂上的"满堂灌"变为学生的表达、沟通、展示。学生成为课堂的主人，走到台前。学生参与学习的人数更多了，参与活动的频次也更多了，学生不再是只会听、记的学习机器，而是身在其中经历学习过程的参与者甚至是组织者。

（三）学生表达、沟通等多方面能力得以提升

在表达中学生思维能力、沟通能力、提取信息的能力都在不断提高。

在"对自己的表达能力进行评价"的选项中，有 19％的学生认为自己的口语表达能力强，并相信自己会更好；有 69％的同学选择了"一般，但想锻炼、提高自己的表达能力"，较之前的 62％提升了 13 个百分点。

以上数字表明，微表达让更多的孩子找回了表达的自信，更多的孩子

有了参与表达、提高表达能力的欲望，更多的孩子对提高表达能力也越来越重视。

微表达的外显形式是"微小"的，起到的作用也是"微小"的。但是，日积月累的"微小"作用就会逐渐累积为"大改变"。

搭建脚手架帮助学生更好的认识核心概念

李 晶

一、问题的提出

学生在学习科学的过程中，在实验操作中花费了很多时间，但是如何通过实验操作提炼出有效的实验目的、认识核心概念还是需要加强的。实验可以让学生体验实验的过程，但绝不能仅仅停留在做实验，还要有思考，知道做实验的目的以及得出相应的结论。出现这一现象的主要原因是小学生在构建概念过程中，是从学习者的角度分别认识每个分解概念，综合学习之后再构建核心概念。而教师则是先分析核心概念是由哪些分解概念组成，再通过不同的活动来解释分解概念。这二者是逆向的，如何将二者更好的衔接，让学生更好地认识核心概念、让实验更有价值，"脚手架"的作用至关重要。

"脚手架"的作用是将探究任务分解成若干个环节，把整个活动分解为容易处理的环节，让学生顺理成章地完成探究任务。有效的"脚手架"能够顺应学生的学习过程，帮助学生发展能力。因此，合理地搭建"脚手架"，帮助学生形成科学概念，是科学教学的关键。

那么，什么是"脚手架"呢？"脚手架"原意指建筑工程中的"脚手架"，在教学中"脚手架"是指教师为学生对知识的理解提供一个便于理解的模式。搭建"脚手架"，就是要把复杂的探究学习加以分解，以便于学生深入的学习、理解。搭建"脚手架"主要包括以下几个环节：发现问题——提出问题——设计方案——收集资料（实验操作）——分析实验（现象、数据等）——得出结论。作为课堂探究活动，可以将整个课堂按照此模式设计，也可以将课堂中的某个环节按照这种模式设计。只要学生能通过探究活动掌握了一定的知识，或学会了某种科学的方法、技能，或形成一种科学的态度和价值观，就能很好地达到其中一个目的，这样的活动就可以称为一个有效的探究活动。

二、"脚手架"的搭建

搭建"脚手架"的方法很多，我以信息式"脚手架"、实验式"脚手架"为例来分析"脚手架"的作用。

（一）信息式"脚手架"的搭建

在科学教学中，信息式"脚手架"的使用很常见，比如一个概念的学习、一段文字的阅读都属于信息铺垫式"脚手架"，教师将一些相关知识"搬来"就是为学生解决问题搭建了"脚手架"。有了这一"脚手架"，看似复杂的问题一下子明朗了。如《植物怎样传播种子》这一课中，学生在认识种子传播过程中，除了常见的种子我们可以通过生活经验、观察、解剖来推测判断出它们的传播方式。还有一些不常见的种子，怎么办呢？我们就可以采取阅读资料的形式让学生了解。科学课是有动有静的，静下心来阅读资料获取知识也是一种学习。在学生阅读的同时，既体会到了多样的学习方式又学习到了知识，这就是信息式"脚手架"的优势。在开始设计这节课的时候，我采取了很多形式来处理这一环节，如视频学习、教师演示讲解、阅读资料等，最后发现阅读资料学生学习效果更好。视频学习虽然生动，但是仅观察、解剖种子，学生的印象不深刻。教师演示讲解，省时间，但是学生体验少。由此可见，在适合的课程环节搭建信息式"脚手架"，对构建核心概念更为有效。

（二）实验式"脚手架"的搭建

实验式"脚手架"是为学生提供直接的操作性和情境性的经验，以帮助学生合理有效地运用工具和资料。实验式"脚手架"有助于学生梳理清楚解决问题的要求。当学生缺乏关于某些操作方法或某些复杂实验怎样做的经验时，相关的录像或教师的演示实验便可起到提供这种情境性经验的作用。实验操作式"脚手架"在小学科学教学中使用最多的就是教师为学生提供相关的实验条件，让学生通过实验探究进行科学知识的构建，从而认识核心概念。

在《水能溶解一些物质》一课，我通过三个环节分别给学生搭建"脚手架"让学生认识、理解"溶解"这一核心概念。

环节一：初步认识溶解现象

实验材料：烧杯、食盐、沙子、搅拌棒、筷子。

教师：把食盐、沙子倒进水里了（演示正确操作倒入物体的方法），注意看，过一会儿，倒进水中的物体发生了什么情况？

学生：食盐刚一进入水中就少了一点，有一部分化了。沙子没有变化。

教师：下面咱们再用玻璃棒搅拌一下，看会出现什么情况。注意正确的搅拌方法，不能让玻璃棒碰到烧杯的壁。

教师：现在烧杯里出现什么情况了？（看不见了、全化了）

教师：那它化到哪里去了？

学生：食盐都化到水里了。

教师：是吗？既然看不见了，怎么知道是化在水里了？有什么办法证明一下吗？

学生：尝一尝就知道了。

教师：这倒可以试一试。烧杯、水、食盐都是干净的，我给你们每人一根干净的吸管，用它来尝。尝的时候，每人可以尝不同位置的水，看看食盐到底化到哪里去了？

通过观察实验，使学生知道食盐放进水里化了，不是没有了，而是分散到水的各个部分去了；而沙子是不溶于水的。

通过简单的观察、实验，认识"什么是溶解"，建立初步的"溶解"概念。教师让孩子通过实验操作、观察、描述发现沙子、食盐在水中的位置、颗粒发生了什么变化。看似很常见的现象：沙子还在水底，没有溶解在水里，而食盐没有了、看不见了。在教师的提问、实验的操作中，学生初步地认识了溶解现象。

环节二：深入理解溶解现象，构建溶解概念

实验材料：高锰酸钾、搅拌棒、烧杯、记录单。

教师：通过尝，我们知道水中各个地方都有咸味，这说明什么呢？

学生：食盐化到水的各个地方了。

教师：它是怎么化的？为什么化到水的各个地方就看不见了？为了搞清楚这两个问题，我们借助一种有色的物体高锰酸钾再来观察。

学生：刚进入水里的高锰酸钾小颗粒变成了一棵棵的"小树苗"，有的像弯弯曲曲的线，有的像小虫，过一会儿把水染成紫红色了。

教师：食盐、高锰酸钾放进水中的现象有什么相同点？

教师：像食盐、高锰酸钾这样放进水中，变成极小极小（肉眼分辨不清）的微粒，均匀地分散在水里的现象，叫做溶解。

高锰酸钾这一实验材料的选择，为学生搭建了很好的"脚手架"，让学生"亲眼见到了"溶解现象。在课堂引入时，食盐溶解在水里了，但是孩子不知道食盐溶解是怎样的过程，是溶解在上边，还是下边，还是均匀溶解在水里了。高锰酸钾的引入，让孩子看到了紫色的高锰酸钾颗粒最后是均匀溶解在水里了，帮助学生充分理解了溶解现象。

环节三：通过实验判断淀粉、感冒冲剂、白糖是否在水中溶解，完善溶解概念

教师提问：像食盐、高锰酸钾这类物体怎么那样容易溶解在水里呢？

学生此时有质疑：学生对感冒冲剂、淀粉是不是溶解有分歧。

过滤实验：进一步判断什么是溶解。让学生观看过滤后的滤纸发现，感冒冲剂、淀粉有杂质产生，所以进一步完善溶解概念：通过过滤没有杂质产生的，是溶解。

教师总结、延伸：一种物质放进水中，变成极小极小（肉眼分辨不清）的微粒，均匀地分散在水里的，并且通过过滤没有杂质产生的，叫做溶解。

三个环节层层递进，让学生从简单的现象入手，再借助便于观察的实验材料，最后通过质疑辨别，逐步地建立"溶解"这一概念。从选择合理的实验材料，到老师层层深入的提问，让学生的学习顺理成章。

三、搭建"脚手架"的问题与思考

教师给学生科学探究搭建"脚手架"时，必须把握好一个分寸：太难学生够不着，太简单学生没兴趣，要吊着学生的胃口走。在设计问题时也要有针对性，提问有价值的问题。这样"脚手架"的作用才能发挥出来，才能更有效地让学生构建核心概念。

借助汉字形义关系深入解读文本的研究

石　濛

汉字具有以形表意的特点，其字形与字义有着密切的关系。目前，汉字形义关系已经被应用到汉字教育和识字教学中，帮助学生更好更快地掌握汉字。我们也可以进一步将其运用到文本解读中，紧扣文本，以品味关键字词为切入点来感受文章情感，体会文章内容，从而更准确、深入地理解文章，使语文课语文味十足。

一、借助汉字形义关系使文本解读更精确

教材中的文章不乏名家名作，文中常有一些字用得十分精妙，往往一个字就表达得非常传神，我们在教学中可以注意讲解这类字，帮助学生体会文章的意蕴。

在《爬山虎的脚》一课中，叶圣陶先生将爬山虎这种十分常见的植物描写得非常生动。在描写爬山虎的叶子时，叶老写到"一阵风拂过，一墙的叶子就漾起波纹，好看得很"，这一句将叶子的动态美表现得淋漓尽致。但如果换成同样是描写水面的"荡起波纹"或者"泛起波纹"，表达效果就会大大不同。

"羕"是"漾"的本字，金文写法是 𦍋，是由羊（𦍌）和永（𣲙）组成的，"羊"在此既是声旁也是形旁，表示祥和的意思，"永"表示水流持续，"羕"的意思就是水面持续柔和地波动。后又在"羕"字基础上加水（𣱤），另造了"漾（𣲙）"字，其造字本义就是水面祥和，微波连连。叶老用了一个描写水面波纹的"漾"字来描写爬山虎的叶子，让我们仿佛看到了那片绿绿的爬山虎随风波动的画面，是如此充满生机，如此舒服、好看。

而"荡"是形声兼会意字，篆文写作 🈂️，由草（🈂️）和汤（🈂️）组成。"草"取其易摆动之意，"汤"指热水，也有滚动的意思，在这里表声兼表意。"荡"字的本义为摇动，是比较汹涌、幅度较大的动态，与文章想要表现的微微的波纹不相符。再来看"泛"字，"泛"是形声字，篆文的写法是 🈂️，是由水（🈂️）和乏（🈂️）组成的，本义是无目的地在水上漂行，这与爬山虎的叶子有规律地、整齐地随风摆动也不一样。

可以看出，这一个小小的"漾"字并不是叶老随便一写，而是大有其用意的。这样借助汉字的形义关系来分析文本，学生便可以从根本上辨析这几个字的区别，更深刻地感受叶老用字的功底，更精确地理解文本。学生不仅对"叶子的动态"有一个模糊的画面感，更会在脑海中形成一个有景有色，甚至有声有情的"动"画。

二、借助汉字形义关系使文本解读更科学

我们在生活中常会遇到一些易被误解的字词，教学中就要注意对这类字进行科学解读。

《伯牙绝弦》是一篇文言文，王崧舟老师评价此文"以文字的质地论之，属妙品；以文学的气韵论之，属神品；以文化的神采论之，属极品"。这样一篇优秀的文章，既要让学生读懂文义，又要体会"高山流水"的古典情怀，是很有难度的。其中一句"伯牙鼓琴，志在高山，钟子期曰：'善哉，峨峨兮若泰山！'志在流水，钟子期曰：'善哉，洋洋兮若江河！'"，书中对"志在高山"的注释是"心里想到高山"，这样也就把高山流水简单理解为伯牙琴声中所表现的景色。但单单这样解释似乎有些单薄，不足以表现伯牙与子期深厚的感情。

"志"是会意兼形声字，金文写法是 🈂️，是由之（🈂️）和心（🈂️）组成的，"之"的意思是去、往，"心"是心愿、心意，即心之所向，所以"志"的本义就是意向、意念。"志在高山""志在流水"就是向往高山、向往流水。孔子说过"知者乐水，仁者乐山"，用山水来形容智者和仁者，可见山水在古人心中的含义远不止自然风光这么简单。所以伯牙在鼓琴的

时候并不只是想到高山流水的形象，更多的是将自己远大的志向和宽广的胸怀寄托于琴声之中，这里的"山"不只是山，"水"不只是水。而子期听琴也不仅仅是能够听出琴声，更是能够理解伯牙的心声，了解他的志向，不仅"知音"，更是"知志""知人"。伯牙在认识子期之前已经是鼓琴的高手，偌大的国家也不会没有一个善听之人，所以平时一定不乏赞美之声。然而《吕氏春秋》中说到"以伯牙之艺，而独一子期能知其志"。确实，旁人只是善听琴音，子期却可以听见伯牙的心声，那是知音之间心心相印的交流与碰撞。所以子期死后，伯牙绝弦，因为知音易寻，知己难觅，再也没有一个能够知志、知己的人了。

像这样通过分析"志"的字形而了解它的本义，使文本的解读更丰满、更有科学性，将知音的千年文化明朗地呈现于学生眼前，也就更能让学生体会"伯牙绝弦"这一举动背后，虽再无"琴"，却心中有"情"的意蕴了。

三、借助汉字形义关系使文本解读更形象

有些字词的运用会使读者在读过文章后对内容有更直观的感受，仿佛身临其境，产生由景到情的迁移。而学生对字词句的领悟力有限，就需要教师利用汉字的形义关系来解读关键字词，使学生更直观地理解文本内容。

《观潮》一文中，有一句"那条白线很快地向我们移来，逐渐拉长，变粗，横贯江面"。要知道"横贯江面"这个词的意思很容易，但如何能让学生对这个词有更直观的认识，更直接地体会横贯江面的气势，就要借助汉字的形义关系。

"贯"是象形字，是绳索从物的空中穿过的形状，大篆写作，本义就是穿钱所用的绳索。"横贯"是指江潮横着贯通江的两岸，像一根绳索在江面上。拉长、变粗、横贯江面是一系列几乎同时发生的变化，这不单单是对潮来时的动态描写，更体现了江潮来势凶猛，气壮山河，变化之快。经过这样一讲解，学生就更容易理解"横贯"所表达的贯穿的意思，也对横贯江面的大潮有了更直观的印象，也更容易想象出大潮来时的宏伟气势，作者的惊叹与赞美之情也都充分表现出来了。

四、借助汉字形义关系使文本解读更清晰

诗歌的语言以凝练著称，表情达意又含蓄、简约，常常给读者留下无限的想象空间，蕴含一种无言之美。我们在教学中要把握住诗歌的无言之美，让学生对其有更清晰的认识。

以苏轼的《饮湖上初晴后雨》为例，诗人对西湖的赞美从字里行间流露出来，但是首先从标题也能感受一二。"饮"原是会意字，甲骨文写作𩚬，表示一个人张着大口对着酒器的样子，本义就是饮酒。古人爱酒，文人墨客更是在愁闷与愉悦之时都喜欢小酌一杯。苏轼为人豪放豁达，欣赏着西湖的大好风光怎能没有美酒作陪。诗人乘一叶扁舟，泛舟于西湖之上，阳光灿烂，水波荡漾，几杯美酒，几位知己，真是人生之乐事。"初晴后雨"既是说天气的变化，更是写诗人沉醉于西湖的美景，欣赏时间之长。从水光潋滟的晴天一直赏到山色空蒙的雨天，可见诗人爱西湖，久看不厌。所以，通过分析题目中的"饮"字，就能够感受到诗人没有言明的惬意与悠然，以及对西湖美景的喜爱。

在小学语文教学中，文本解读的重要地位毋庸置疑。而教师解读文本的能力、方法和关注的重点在很大程度上会成为影响学生解读文本能力以及教学效果的主要因素。本论文依据汉字学原理、文本解读的原理，探究借助汉字形义关系深入解读文本的实践意义，希望能对语文教学的文本解读有所帮助，能为小学语文教学水平的提高尽一份绵薄之力。

参考文献

[1] 闫学．小学语文文本解读．上海：华东师范大学出版社，2012
[2] 钱理群，孙绍振，王富仁．解读语文．福州：福建人民出版社，2010
[3] 王宁主编．汉字学概要．北京：北京师范大学出版社，2001
[4] 裘锡圭．文字学概要．北京：商务印书馆，2002
[5] 崔增亮，张秀华，张国龙．字源识字教学手册．武汉：湖北少年儿童出版社，2012
[6] 王崧舟．听王崧舟老师评课．上海：华东师范大学出版社，2010
[7] 许慎．说文解字．北京：中华书局，2004

浅谈如何通过书法教学培养学生的核心素养

李雪莹

一、书法教学与培养核心素养的关系

《教育部关于全面深化课程改革落实立德树人根本任务的意见》中有个词引人关注：核心素养体系——研究提出各学段学生发展核心素养体系，明确学生应具备的适应终身发展和社会发展需要的必备品格和关键能力，突出强调个人修养、社会关爱、家国情怀，更加注重自主发展、合作参与、创新实践。

陈振濂说过："书法艺术是艺术美中最具有理念意义又最纯朴的美的形式。"对我国悠久文化传统的学习，是培养学生的核心素养不可缺少的一部分。那么，中国首都的孩子到底应当具备什么样的素养呢？我认为最容易结合也最容易引起学生兴趣的是中国的传统文化，我们可以从这个方面入手，培养学生的文化素养。

著名书法家沈尹默先生说："书法乃世界公认的最高艺术。"书法教学能培养和提高学生的审美能力和欣赏水平，有助于培养学生良好的品德和坚强的意志，促进学生身心发展，形成良好的心理素质。正确的书法教学方法，丰富的书法教学形式不仅可以提高学生的核心素养，甚至可以增强创新意识。

二、核心素养的培养

核心素养的获得是后天的、可教可学的，具有发展连续性，也存在发展阶段的敏感性。福建师范大学教师教育学院院长、基础教育课程研究中心主任余文森教授认为，"核心素养是最基础、最具生长性的关键素养，就像房屋的地基，它决定房屋的高度。核心素养的形成具有关键期的特点，错过了关键期就很难弥补"。

核心素养的作用以整合的方式发挥出来。尽管核心素养指标的内涵不同，发挥着不同作用，但彼此作用并非孤立，在实践中表现出一定整合性。下面我将具体谈一谈在书法教学中如何培养学生的核心素养。

（一）培养个人修养

讲究个人修养，是我们中华民族的好传统。我国古代就有"修身齐家治国平天下"的说法。书法研究基本技法，体现文化内涵，更注重艺术品格，它考验人的修养、胆识和胸襟，体现人的审美价值、意趣。书能陶情，书亦载道。在书写中需要凝神静气，既遵循艺术规律，又要注入情感。书法能使人静，更让人思考，确实是修身养性、培养情操、延年益寿的良药。

（二）培养社会关爱、家国情怀

现代著名美学家宗白华在《中国书法里的美学思想》一文中，对书法的表现特征做了精要的概括："所以中国人的这支笔，开始于一画，界破了虚空，留下了笔迹，既流出人心之美，也流出万象之美。"书法是中国艺术最经典的表现形式，体现着中国文化的核心价值和本质精神。学习中国的传统文化是培养家国情怀的最直接的途径，最直观的表现。通过书法中中国历史文化、汉字源流的学习，培养学生的爱国情怀。

（三）自主发展、合作参与、创新实践

在提高学生的书写技能和通过书法文化提升学生人文素养的过程中，做到"突出自主，注重动力，着力内化"，从而进一步推进书法教育的发展，促进学生的自主发展，提升学校发展内涵，建构自主发展的教育文化。

具体到学生的课堂上，教师主动引导，布置一些合作参与的内容，使学生之间、学生与教师之间有互动，改变传统书法教学课堂上枯燥死板的印象，带领学生更多地参与其中。

三、培养核心素养在书法教学中的实践

（一）观察字的笔画和结构

著名心理学家皮亚杰指出，真正的学习不是教师传给学生，而是出自

学生本身。在书法教学过程中，读帖、临摹、析帖、背帖等环节都必须培养学生的观察能力。我在教授一年级硬笔书法的过程中，会首先让学生看清笔画的特点，通过自己的观察，用简练的语言总结整理出笔画的形态特征。之后对于范字的结体安排、点画特征，再进行观察，看上下、左右、穿插、呼应、避让、中心、向背等关系，认真观察其笔画变化情况，体味行笔轻重、缓急、提按、顿挫等等。长年累用，学生的观察能力有很大提高。

（二）了解书法的历史和渊源

讲述书法渊源，激发爱国情感。书法是我国民族文化遗产中一颗璀璨的明珠，它的历史同汉字一样源远流长，可以说与中华民族同生。通过讲述书法渊源和字体演变，让学生了解我国的书法艺术是在长期的历史过程中发展起来的。结合一些教师的多媒体手法，让学生更加直观地看到各个年代，汉字经历的演变过程。通过学习书法，使学生能很好地了解中华民族的历史及灿烂的民族文化，增强民族自尊心和自信心，更加热爱我们伟大的祖国。

（三）学习甲骨文的历史和演变

汉字虽然是象形文字，但发展到现在，已经弱化了它的象形性，变得抽象，而在学生的认识中，他们更多的是从字面上被动地去认识。回归汉字的象形性、图画性，把书法学习对象生动化、趣味化，可以让枯燥的汉字书写变得形象、有生命力、富有神秘感，吸引学生的好奇心。在教学实践中我发现，对于低年级的同学，甲骨文并不是很高深或者远离我们生活的内容，反而最原始的内容却是更容易理解的。甲骨文的学习不仅能够让学生了解汉字的起源，还能认识很多甲骨文象形字，对学生识字也有很大的好处。

对于这一点，我结合我校的"小讲台，大世界"的课前 3 分钟展示，在实际课程当中收到了较好的效果。每节课有三个同学上台当小老师，为大家讲授一个甲骨文，形式新颖，让学生参与其中。在黑板上写出甲骨文，再对甲骨文进行讲解，最后写出对应的现代规范字。在准备的过程中，做到了自主学习，同时对甲骨文有了更深层次的了解。学生的创意和潜力是无限的，书法课不仅仅是写好字，还可以通过一些书法的相关内容，增加学生的文化底蕴，培养学生自主学习的能力，提高学生思考和解决问题的能力、沟通与协作的能力、创造与革新的能力。使得书法教学与核心素养中的学习与创新素养、数字化素养有机地结合了起来。

（四）讲解书法家生平和故事

讲述书家人品，增强道德修养。向学生讲述一些古今书法名家的生平事迹和奇闻轶事，比如王羲之吃墨、欧阳询下马观碑，等等。另外，在书法史上有许多脍炙人口的学书故事，比如"墨池""笔冢"，这些故事可以触动学生，一方面可以提高学生的积极性，另一方面也可以吸引学生的注意力，在潜移默化中督促他们养成良好的意志品质。

（五）品评碑帖的风格和特点

通过多媒体播放一些展览和碑帖的照片，让学生了解优秀书法作品笔法、章法及气韵。对于低年级段的学生，通过欣赏硬笔书法中逐步渗透软笔书法的方法，使学生有一双欣赏美的眼睛，树立学习书法的信心。我国教育学家程颐指出，"教人未见其趣，必不乐学"。要想调动起他们学习软笔书法的积极性，就要采取多种多样的形式使学生在学习过程中感受快乐，这才是上好书法课的前提。对于不同书法家的不同风格碑帖，可以让学生自主观察，研究学习，培养学生观察和自学的能力，鼓励和引导学生说出每种字体的不同点和特征。

我们经常说核心素养，但核心素养的培养并不是一句空洞的口号，如何能在自己的每一节课中具体地展现出来，值得我们探讨，也是我在具体的书法教学中一直在思考的问题。今天的社会是一个变化的社会，只有通过教师和学生共同的努力，不断地改变我们的教学方法，才能增加学生的知识面，提高个人修养。丰富的文化底蕴，才能适应当今社会的快速发展。

互联网对小学数学教学方式的影响

李　宏

一、合理使用多媒体技术，引领学生走近互联网

现在史家小学的每间教室都配备了连接互联网的电脑、多媒体电视等教学设备，可以说是引领学生走近"互联网＋"时代的必要条件之一。有了这样的装备，教师才有更好地施展教育技艺的媒介。

（一）多媒体技术成为小学数学课改的助推剂

多媒体技术不仅为孩子们提供多种学习资源和方式，还使教学方法、教学观念发生了质的转变。多媒体技术促使孩子们学习方式由"学会"向"会学"转变。随着新课改理念的深入，我更意识到会学比学会更重要。传统教学中只重视知识学习的结果，忽略了知识构建的过程，过于强调知识接受与掌握，使学生学习成为一个别动接受和死记硬背的过程，这在一定程度上成为学生发展的阻力。转变学习方式就是要改变这种学习状态，把学习过程之中的发现、探究和创新等活动加以突出，使学习过程更多的成为学生发现问题、分析问题和解决问题的过程，让他们掌握新知识构建的过程和获得学习的方法，使学习方式由学会向会学转变，这是学生学习方式的重要变革。网络和多媒体技术辅助课堂教学，促使教学观念和学生的学习观念发生了巨大的转变，使我们的教育观念从传统的重视知识讲解向促进学生身心发展的转变，使他们由被动学习到主动探索和自我创新。

（二）多媒体技术使小学数学综合性融合成为可能

现在，科学技术越来越向高度分化和综合发展，小学数学应做到向其他学科渗透和融合，多媒体技术和网络成为渗透和融合的重要纽带。

传统教学中，小学数学课程强调数学的相对独立性，强调数学学科逻

辑体系的完整性。随着新课改的深入，要求小学数学学科要和其他学科相融合，使小学数学学科成为一门综合性课程，实行多课程组织模式，强调各学科的内在联系和相互整合。

二、互联网的介入

（一）优化课堂的展示环节与学生老师的互动

在当今的互联网背景下，更多的电子产品可以介入到课堂环境中，如传统的课堂展示环节，学生个人或小组把学习成果拿到讲台前，利用实物投影进行展示。现在教师可以协助学生利用智能设备实时拍摄传达学生的小组活动场景，利用互联网，集合全班学生不同的认知原点和其他各组的反馈成果，达到高效学习的目的。

（二）利用各种软件平台达成家校共同体建设

传统家校联系的凭条是教师与家长打电话或发信息，这是一个二维的交流互动方式。现在我们可以充分利用 qq 群、微信群、教育云平台等媒介和家长交流，这样教师与家长之间、家长与家长之间的三维互动平台就建立起来了。比如在遇到难题时，家长在微信群里提出疑问，在线并看见问题的老师或其他学生的热心家长就能积极参与到难题讨论中。在遇到一些不好理解的图形问题时，传统的交流平台上，只能通过电话交流，并不能很好地解释并解决问题。但是现在，利用微信群或者 QQ 平台，教师或家长可以实施画图拍照甚至拍摄视频讲解并上传，一目了然，更好地帮助学生解决问题，对教学的促进很有帮助。

（三）数学新课程资源的丰富得益于互联网

随着互联网技术的不断丰富和发展，教学资源对有效教学的促进作用越来越明显，并提出了学习资源的概念，即学习过程中能够被学生利用的一切要素。多媒体技术和互联网丰富了小学数学课程资源建设的内容，多媒体课件集文、图、音、像等多种媒介于一体，多种感官呈现形式，能够大大提高课堂教学质量和效率。

（四）数学评价体系因互联网而科学有效

小学数学新课程改革提倡"立足过程，促进发展"的评价，要求课堂教学评价体系不断创新，更强调评价理念、评价方法和评价实施过程要有质的转变。互联网技术的有效应用对传统评价存在的不足做了有效弥补，使得教育教学评价更综合化、科学化、有效化和现代化。通过先进的云教学平台，可以方便、快捷地进行教育教学管理和评价，使教学管理评价工作科学高效，大大提高了教学管理评价工作的效率。

三、网络环境下小学数学探究教学模式的构建

（一）网络环境下探究教学的基本特征

1. 网络环境下的探究教学实现深度参与

课堂教学是教师有目的、有计划地组织学生进行有效学习活动的过程，而这个过程必须由学生自己去完成。从这个意义上来说，数学学习不是听出来的，而是做出来的。美国华盛顿图书馆的墙上就贴有这样三句话："我听见了就忘记了，我看见了就记住了，我做了就理解了。"我国著名教育家陶行知曾提出"教学做合一"的观点。美国也流行"木匠教学法"，提倡让学生自己去找一找、量一量、拼一拼……这些无不说明"做"在教学中的强大作用。因此，我们在数学教学中更应给学生提供一些自己探究的机会，让他们在"做"中感悟数学，在"用"中体验数学，做到让学生深度参与到教学活动中去。

2. 网络环境下的探究教学过程是循序渐进的

课堂是一个高效的教学环境，教师需要把人类发展过程中的探究过程进行强压缩，然后传递给学生。也就是说，课堂中的探究，是经过压缩和设计的，目的性比较强，是原有探究过程的浓缩版。但任何知识的学习，都不可能是一蹴而就的，知识的掌握需要一定的层次性。同样，网络环境下的探究教学也需要有一定的层次性。

3. 网络环境下的探究教学是高效率的教学

网络环境下的探究教学不是以牺牲教学时间为代价的，而是在《课标》规定的教学时间内，不仅可以进行知识的初探究，还可以进行多层次的强化训练和多种情境的拓展迁移，以实现探究教学目标的深度达成。在网络环境的课堂中，学生利用认知工具自主探究和协作交流，获得知识和能力

的双丰收；在网络环境下，依靠教师精心准备的网络课件，学生可以快速进行强化练习阶段，练习后的结果会迅速传递到教师机，教师根据学生知识内容的掌握情况，及时地有针对性地调整教学重点，在最短的时间内解决学生遇到的问题；在网络环境下，依靠老师精心准备的课件，从拓展情境中，通过教师的精心设计、借助网络环境的过程支持，帮助学生高效的认知、深度的强化、广泛的拓展迁移和针对性的总结提高，从而实现传统教学中所无法达到的高效率。

（二）网络环境下小学数学探究教学模式的构建

网络环境下小学数学探究教学的深度，主要体现在教学过程中学生的深度参与、教学内容的广度与深度和教学过程的深度。"教学结构""教学模式""教学策略"是三个不同层次的概念。"教学结构"最为宏观，"教学模式"其次，"教学策略"最为具体。

（三）各个子模式在教学中的应用

从教学目标和教学深度上来讲，三个子模式的侧重点各不一样。

"课堂探究"：主要实施现场是在平时的课堂内，是探究教学的基本方式。主要目的：掌握基本知识；学会从生活情境中运用知识；培养思维能力发展；落实探究教学常规化。其教学深度主要体现在知识点掌握的深度、练习的深度和学生思维深度参与。

"综合与实践的探究"：按照新课标要求，每册书都至少有一个综合与实践内容。综合与实践要求学生经历有目的、有设计、有步骤、有合作的实践活动。主要目的：初步掌握数学探究教学的要点；培养学生自主探究的习惯，养成数学思维习惯。其教学深度主要体现在大数学观（知识框架的广度）、知识应用广度和探究过程学生思维的深度参与。

"课外探究"：主要实施现场在课外，一般不占用正式的数学课的时间。主要目的：激发学生的探究兴趣，让探究学习成为学生生活的一部分，培养学生自主学习、自己解决问题的能力。其教学深度主要体现在知识与学生实际生活的深度结合和主动探究问题能力。

小学生数学基本活动经验积累的策略研究

——以小学数学"综合与实践"内容为例

左明旭

本研究在行动研究范式下，借助文献法、调查法、观察法、案例分析法等研究方法，在对数学基本活动经验内涵及其价值研究的基础上，通过对新人教版第十二册书中"综合与实践"内容的梳理及课堂实践，在新课程理念的引领下，通过不断的计划、行动、观察和反思初步总结出了小学生数学基本活动经验积累的一些行之有效的策略：（1）密切联系实际，精心设计问题；（2）广泛开展实践，加强合作；（3）重视反思评价，提升实践智慧。在此基础上，通过不断的实践与改进，以期为学生数学学习能力的提升提供帮助，为学生的和谐发展奠定基础。

一、数学基本活动经验的内涵及价值

通过对已有文献的分析并结合本校的实际，本文认为数学基本活动经验是小学生在参与数学基本活动中，通过观察、操作、交流、体验、猜想探究、推广及归纳等过程中获得的对活动对象的一般性数学活动知识、方法、技能或情感体验的思考。它是建立在丰富的生活经验基础上的，是在特定数学活动中逐步积累起来的，其核心是关于如何思考的经验，其最终的目的在于帮助学生建立自己的数学现实和数学学习的直觉，学会运用数学的思维方式进行思考。

《数学课程标准》指出："数学教学应该是从学生的生活经验和已有的知识背景出发，向他们提供充分从事数学活动与交流的机会，帮助他们在自主探索的过程中，真正理解和掌握基本的数学知识与技能、数学思想与方法，同时获得广泛的数学活动经验，成为学习数学的主人。"因此，积累数学基本活动经验是真正实施新课程的需要，也更加符合数学学习的实质及学生的认知发展。

二、基于经验积累的"综合与实践"课程内容及案例分析

在新人教版的第十二册书中，共有 19 个"综合与实践"内容，在新课标理念的引领下，在学校课题组的帮助下，我们一一进行了课堂教学的理论与实践研究。在这 19 个内容中，共涉及五个类型：综合应用型、操作活动型、数学欣赏型、数学文化型、数学素养型。

在此我们选取第二学段的操作活动型——"1 亿有多大"为例对我们的研究进行呈现。

（一）渗透一种思想

1. 猜想 1 亿有多大

1 亿到底有多大呢？基于不同的生活经验和知识背景，学生的答案会五花八门，到底谁的猜测更接近正确的事实呢？正是在这种情景下激发学生的求知欲望。

2. 猜想后的思考

在学生进行了猜想之后，面对形形色色的答案，学生缺乏必要的研究方法。他们急需的是一个"脚手架"，来成就他们研究的欲望，教材就呈现了一个小组进行探究活动的案例。通过对这个案例的学习，孩子们很容易结合以前的经验，在规范的研究方法和步骤下，开展此次研究，而这样的研究才有效果，这样的活动才能起到应用的作用，而通过对这个过程的反思更易获得后续学习与研究的经验。

（二）经历一个过程

1. 测量 1 亿有多大

通过一系列的引导，学生有了自己研究的主题，如测量 1 亿粒大米或黄豆的重量，测量 1 亿滴水的体积，1 亿分钱能买什么东西，1 亿秒的时间有多长等。比如测量 1 亿张纸的厚度，直接测量是很多孩子们的第一选择，结果发现，找到这么多张纸是不现实的，怎么办？有生活经验的孩子可能会想出由点到面、由部分推算整体的方法。这个时候，教师要适时地引导，

即运用化繁为简的思路——通过对部分的测量来推算整体的研究方法来解决这一难题，同时培养积少成多的意识。

2. 推理感知 1 亿有多大

孩子们通过实验推算出了结果，如果推理过程的计算量大，可求助计算器、家长、老师等。如 1 亿秒的时间有多长。1 时：$60 \times 60 = 3600$（秒）；1 日：$3600 \times 24 = 86400$（秒）；1 月：$86400 \times 30 = 2592000$（秒）；1 年：$3600 \times 365 = 31536000$（秒）；$31356000 \times 3 + 2592000 \times 2 = 99792000$（秒），$100000000 - 99792000 = 208000$（秒），$208000 \div 86400 \approx 2$ 日半。这个结果可能也是比较抽象的，很难想象得出来。可引导孩子通过比较熟悉的素材，直观感受实验结果的大小，进而体会 1 亿有多大，如 1 亿秒有 3 年 2 月 2 日半。同时，全班进行分享和交流，丰富孩子们对 1 亿有多大的感受。

回顾整个研究，我们发现：除了让学生感知 1 亿有多大之外，最重要的是让学生经历"猜想——验证（确定方案、测量推算）——对照体验——交流、反思"的过程，正是在这个过程中，学生的思维得到发展，能力得到提升，数学活动经验得到了提升。

（三）积累一点经验

1 亿到底有多大？相信经过这节课，学生们已经能和具体的生活事例建立表象，并在不同事物的对照中，将抽象的 1 亿具体化为孩子们所熟悉和容易感知的事物，从而获得了对 1 亿有多大的感悟——对数感的一种提升。

在经历了这样一个研究后，进一步引导学生及时总结在猜想、验证、推理、交流、概括、反思等活动中所获得的经验，并用这些经验来选择自己感兴趣的事物去研究，从而进一步巩固所获得的数学基本活动经验——提出问题、分析问题、解决问题的经验，进行数学研究的方法与步骤的经验，处理研究中遇到的各种复杂多变问题的经验等，从而为孩子们的后续发展提供不竭的动力。

三、基本活动经验积累策略的策略

实践与实践活动为学生提供了一种实践性、探索性和研究性学习的渠道。其注重让学生在教师引导下，在已有知识体验的基础上，从所熟悉的现实生活中发现、选择和确定问题，主动应用知识解决问题的学习活动，体现了一种现实性、问题性、实践性、综合性的学习过程。在数学基本活动经验的积累上，主要策略有以下几个。

1. 密切联系实际，精心设计问题

"生活中的轴对称图形""上学时间""绘制校园平面图""旅游计划""象征性长跑""估计高度""从年历中想到的""包装盒中的数学""利用树叶的特征对树木进行分类"等都取材于学生熟悉的生活。在此基础上，结合学生已有的学习经验和生活，精心设计有思考价值、富有启发意义的问题，引领孩子在特定的主题下开展形式多样的数学活动，从而在体验与感悟中积累数学基本活动经验。

2. 广泛开展实践，加强合作

"过程的充分"才能激发深刻的体验与感悟，才能为基本活动经验的积累奠定坚实的基础。"充分的交流"才能将解决问题的过程中出现的各种情景呈现出来，才能在碰撞中尽快地形成最为优化的解决问题的途径，才能了解并分析活动中的成功与经验，从而为切实的合作奠定基础，为后续的反思做好铺垫，为经验的积累与内化提供优质的基石。

3. 重视反思评价，提升实践智慧

教师个人的自我反思和学生个体的自我反思是积累数学基本活动经验的重要途径之一。基本活动经验要在"做"的过程中体验，在"思考"的过程中沉淀，在数学学习的活动中逐步的迁移、孕育和积累。如教师在组织实施《图形分类》时，就需要组织引导学生在尝试中发现问题、提出问题，并逐步地确定分类标准，同时在分类中抽象出图形的共性，在争辩与修订、完善中组织汇报。汇报后，智慧的设问"为什么同样的扣子分类的结果不一样？"引起主动反思，从而激发学生去寻求"新的模型"，然后继续探索、继续反思，在反复的经历中探索、积淀，从而在不断的"数学思考中"，使学生的思维变得条理化、清晰化、精确化、概括化，从而促进了数学素养的形成和实践智慧的生成，而这正是数学基本活动经验积累的价值所在。

总之，数学教学既要帮助学生获得显性的数学知识，也要帮助学生在探索数学的过程中获取隐性的数学知识；表明隐性数学知识教学，应处理好与具体数学知识、技能教学之间的关系。而数学思想蕴涵在数学知识形成、发展和应用的过程中，是数学知识和方法在更高层次上的抽象与概括。学生只有积极参与教学过程，独立思考、合作交流、积累数学活动经验，才能逐步感悟这些思想。

关于小学高年级学生识字正确率下降的思考

吕闽松

从 2011 年至今，我教了 4 个六年级，第一次的作文已经成了我的"猜谜"时间，字是正确的，由字组成的词语就不正确了，为什么会有这样的现象呢？这引发了我的思考，语文学习中字是基础，如何纠正这种现象，在我的教学中可以做什么呢？

中华人民共和国教育部制定的《义务教育语文课程标准（2011 年版）》第二部分规定了语文课程目标与内容。

一、总体目标与内容

学会汉语拼音，能说普通话，认识 3500 个左右常用汉字，能正确工整地书写汉字，并有一定的速度。

二、学段目标与内容

第一学段（一～二年级），识字与写字：①喜欢学习汉字，有主动识字、写字的愿望。②认识常用汉字 1600 个左右，其中 800 个左右会写。

第二学段（三～四年级），识字与写字：①对学习汉字有浓厚的兴趣，养成主动识字的习惯。②累计认识常用汉字 2500 个左右，其中 1600 个左右会写。③有初步的独立识字能力。会运用音序检字法和部首检字法查字典、词典。

第三学段（五～六年级），识字与写字：①有较强的独立识字能力。②累计认识常用汉字 3000 个左右，其中 2500 个左右会写。

小学高年级学生识字正确率下降的主要原因有以下三点。

第一，我们使用的人教版小学语文课本采用"专题组元"选文制编写，以文章的内容与思想性作为主要的选文依据，容易忽视识字教学对汉字的音、形、义合一操练和读写重现率的要求。

　　人教版语文教材最大的编排特点是"专题组元"，教材从一年级下册开始，以专题组织单元，以整合的方式组织教材内容，把知识、能力、方法、情感融为一体。一年级下册至五年级下册共有 70 个专题。

　　依照"九年一贯，整体设计"的思路，从纵向上看，我们不难发现各册专题相互联系，主题的设置上体现延续与发展的特点，根据不同年龄阶段学生的认知特点，遵循语文学习的规律，安排了由低到高循环往复、螺旋上升的训练序列。

- 胸怀祖国　放眼世界
- 良好品质　伴我成长
- 童年生活　丰富多彩
- 热爱生命　感受真情
- 博览群书　学习语言
- 热爱自然　保护环境
- 走近科学　勇于探索

　　每个大块的内容是有机联系的，但它又分散在各年级段中。这样注重了专题的安排，注重了内容上的有机联系，注重了螺旋式上升，顾了选文这一端就不好兼顾汉字需要重复这一端了。

　　第二，教师教授汉字的方法相对简单。小学语文教师不能把识字作为语文课教学的最主要内容予以关注与重视，而是把主要精力放在课文解读上，对生字只是简单地拼读操练，以让学生抄写作为记忆的主要手段，大大降低了学生识字的兴趣。

　　这样的情况也不是教师本意，我以人教版小学语文五年级上册第六组为例分析。本组教材以"父母之爱"为专题，编排了精读课文《地震中的父与子》《"精彩极了"和"糟糕透了"》，略读课文《慈母情深》《学会看病》。

　　《地震中的父与子》讲述了有一年美国洛杉矶发生大地震时，一位父亲在废墟中经过 38 小时的挖掘，终于救出儿子的传奇故事。

　　《慈母情深》讲述了贫穷辛劳的母亲不顾同事的劝阻，毫不犹豫地给钱让"我"买《青年近卫军》，满足了我读书的强烈愿望。

《"精彩极了"和"糟糕透了"》记叙了父母亲对一个七八岁孩子写的第一首诗的不同评价，以及对孩子成长的影响。

《学会看病》中的母亲，为了培养孩子将来独自面对生活的能力，在感冒时让他自己上医院，学会了看病。

这几篇课文，从不同的角度，反映了父爱、母爱的深沉与宽广、崇高与无私，令人震撼，让人感动，引人思考。

教学本组内容可用 11 ~ 13 课时。其中，精读课文 4 ~ 5 课时，略读课文 2 ~ 3 课时，口语交际 1 课时，习作 2 课时，"词语盘点""交流平台""日积月累"和"课外书屋"2 课时。按照这个编排，这一组课文在实际教学中我们最多给 11 课时，习作的 2 课时是不能缩减的，口语交际 1 课时很紧张，"词语盘点""日积月累""交流平台"的 2 课时也是不能减少的，这样算下来实际 4 篇课文就省了 6 课时了。大家不难看出来，课文不好理解是需要时间理解的，那么能减少的时间就是识字的时间了，没有时间来培养这是实际的情况。

第三，小学生的认知方式、写字能力、学习习惯以及家庭、社会等因素的影响。

关于学生的认知方式、写字能力和学习习惯，在此不多说。先说家庭习惯，现在的小学生没有上学之前先学的是英语，有的写，有的只是说，在学习汉语拼音时就会发生冲突，影响汉字的识读。

社会上有很多新造的词语：

粉丝：fans 的音译，崇拜者。

黑客：又称骇客，指在电脑领域有特殊才能或技巧的人。

红客：具有民族主义倾向的中国网络技术爱好者，与黑客相对。

驴友：泛指爱好旅游，经常一起结伴出游的人。

菜鸟：计算机初学者，生手。

雷人：意思是出人意料且令人格外震惊。

给力：表示给劲、带劲的意思。

坑爹：指被对方所欺骗、耍了。

走召弓虽：超强。

默默无"蚊"（驱蚊器广告）

"衣衣"不舍（某洗衣店广告）

万"室"具备（某房产公司广告）

从以上不难看出，学生们处的语言环境不够纯粹，在没有学习之前他们见到的是不正确的词语，也影响到了汉字的正确识记。

我从字形教学、字音教学和字义教学三方面展开研究。

1. 看字形

学生不容易发现事物的特征及事物间的联系，在认字形中，往往因观察不仔细而发生增减笔画、颠倒结构等错误；再加之汉字字形复杂，笔画变化较多，这就使学生掌握字形更加困难。因此必须严格要求学生仔细观察字的笔画和结构，清晰地感知字形；通过分析、比较，准确地认知字形；注意字形特点及形近字的细微区别，牢固地记忆字形。

2. 找规律

小学高年级的识字已经有了一些积累，当一个生字出现的时候我就要帮学生们能够关联起 2~3 个或者更多的字。

在正常状态下，人对字词的记忆一般是领先短时记忆来完成的。我国心理学家谢千秋、王锭城指出：短时记忆如果经过反复重现或进一步加工，就会转为长时记忆。德国著名心理学家艾宾浩斯对遗忘规律进行测试：第一天学的知识第二天保持率只剩下 33.3%，第三天保持 27.8%，第六天保持率降到 25.4%。其遗忘规律是从快到慢过渡的，多年实践证明，遗忘是有特征的，而记忆也是有规律的。心理学家谢千秋、王锭城也指出：记忆有先"记"后"忆"的过程，完整的记忆过程必须包括识记、保持、再认或回忆三个环节。识记和保持是"记"的环节，而再认或回忆则属"忆"的环节。记忆的这三个环节相互联系，识记和保持是再认和回忆的前提，再认和回忆是识记和保持的结果和表现。教师的教学如果符合学生记忆方面的心理活动的规律，其教学效果就好，不然将是事倍功半。因此，只有科学地抓住遗忘规律进行反遗忘识字教学，才能扬长避短，才能进行有效的因材施教，获得预期的教学目的。

第2部分

伙伴交流

伙伴是集团教育教学的主体，在集团课堂内外、学校内外都看到了学生的真实变化。

家国：学生的成长更加主动，学习更加有目标感，能联系社会与生活，爱家爱国的情感、不止于家不止于国的胸怀，在他们身上已经内化于心、外化于形。

情怀：不管是教师、家长，还是社区人员、社会人士，都能感受到学生身上富有情怀、大气包容的正能量。

营造民主和谐的数学课堂
践行社会主义核心价值观

杨昕明

努力践行社会主义核心价值观是我们每一位教师的职责，立足我们的工作，通过我们的课堂教学把社会主义核心价值观所倡导的基本价值观念传递给学生，在学生心中早早地、牢牢地树立起正确的价值观念，是我们每一个教育者的责任。就我们的数学课堂而言，营造民主和谐的课堂氛围，尊重每一个孩子的个性发展，就是社会主义核心价值观的最好体现。

课堂教学中，学生只有在感受民主、体验快乐、分享智慧的氛围中才会敢于对话、敢于交流，因此我们要创设出民主和谐的氛围，孩子们才会想说、敢说、会说。下面我就用几个小案例从"营造民主和谐的数学课堂，践行社会主义核心价值观"这一角度来与老师们进行交流。

我们在教学中是否经常会遇到下面的场景呢？

场景一

当讲完了所有该讲的内容之后，有的学生会高高举起小手"老师，我还有"，有些老师往往会采取"视而不见""佯装不知"的样子，怕学生东拉西扯，浪费宝贵的课堂时间。

事实上，这极有可能是一次"生成智慧、收获惊喜"的好时机，就算没有意外之喜，给学生一次展示表达的机会、倾听他的想法，又有何妨呢？

记得四年级期末复习阶段，我们遇到了这样一个问题：用小棒按照如下方式拼图案，拼第 5 幅图时需要（　　）根小棒。

看到题目，第一位同学回答道："第一幅图是六边形，需要 6 根小棒；

第二幅图就是 6 + 5 = 11 根小棒；第三幅图是 11 + 5 = 16 根小棒，每幅图都比前一幅图多用 5 根，那么第四幅就是 16 + 5 = 21 根小棒；所以第五幅图需要用 21 + 5 = 26 根小棒。"

"她的意见你们同意吗？有没有不同的想法？"

在我的追问下，有一部分孩子开始跃跃欲试了。

"老师，这样太麻烦了！要是问我们第 100 幅图用几根小棒，我们还得像这样一直加一直加……我有更好的方法。"

"我发现：第一幅图是 6，是 1 个 5 再加上 1；第二幅图是 11，就是 2 个 5 再加上 1；第三幅图是 16，就是 3 个 5 再加上 1；那么我就找到了规律——第几幅图，就是几个 5 再加上 1，题目问咱们第 5 幅图用几根小棒，那么就是 5 个 5 再加上 1，是 26。"

"他的方法大家明白了吗？你有什么要问他的吗？"

"请问，你怎么会想到 5 呢？"同学们直问要点。

"因为每个六边形中都有一条与下一个六边形公用的边啊！去掉这条边就是 5 啊！"

"你能到前面给大家画一画吗？"

 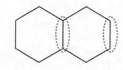 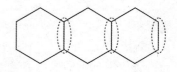

"看到他画出的图，你们又有什么新的想法吗？"

"老师，我想到了植树问题，每两个六边形之间都有一条公用边，那么一个六边形就是 6 根小棒，两个六边形之间有一个间隔，就用 2 个 6 减去 1 等于 11 根小棒；3 个六边形之间有 2 个间隔，就用 3 个 6 减去 2 等于 16 根小棒；按照这个规律，第五幅图就应该是 5 个六边形之间有 4 个间隔，就用 5 个 6 减 4 等于 26 根小棒……。"

"同学们可真了不起！想到了这么多好方法。是呀，第一种方法就这道题而言能够很快地算出正确的答案，但是如果遇到大数据时就显得不那么好算了；第二种方法真巧妙，第几幅图就用几乘 5 再加 1，算起来真方便！第三种方法还用到了我们这学期学习的植树问题，真是活学活用啊！"

课堂中多种思路的展示、交流，让思辨有了可能。尊重每一个孩子的想法，在教学中我们多问几句"还有不同的意见吗？"，引导学生的思维由封闭状态逐步转化到开放状态，多角度、多层次地思考问题，能够更好地开拓思路，锻炼思维！

场景二

老师兴致勃勃地提出了一连串的问题，可学生们却没什么反应，参与性不强，就算有人回答也仅限于班中的几个佼佼者，其他学生目光茫然，不知所云。但这些问题老师又不能不处理，必须让孩子们深入探讨、理解，才有利于后续学习。

这时，我们应给予学生理解与尊重，同时反思学生回答不出问题的原因：是因为学生的差异所致，还是自己的教学设计存在问题？

在这一点上曾经同教研组的李宏老师给了我很大的启发，她在备课时经常提到："课堂上有时提出问题后，孩子们没有反应，其实细想想不是他们的问题，可能是提问的方式和语言不适合学生，学生们不理解你问的是什么，自然不会有积极的反应。"我看到有时李老师会找来几个班中的孩子，把想问的问题提出来，征求一下他们的意见，"怎么问，你们就听得明白？"李老师记录着孩子们的语言，把孩子们的话设计在教学中。同样的一个问题，运用不同的提问方式，会达到不同的教学效果。老师们经常会提到，好的教学要特别注意精心设问，可怎样就做到精心设问了呢？我想单单凭借研读教材来设计问题是远远不够的，我们还要更多地去研读学生，尊重学生的感受，问题从学生中来！

当然，有些孩子遇到问题时不是没听懂，而是真的不知该怎么说，这时我们可以先让他静心思考，请其他同伴帮助解答。只有在这样宽容和谐的环境中，学生才能克服畏惧和羞涩的心理缺陷，主动参与学习。

场景三

每当听到学生错误的回答时，教师总是很着急，在一个学生还没有完全回答好，就立刻干预："这样做对吗？"

这样明显地暗示，让学生急于判断结果，不仔细分析思路，一知半解，很不利于知识的掌握。

课堂上，当学生答错时，我们不要轻易否定、不要立刻暗示，让学生说说自己的想法、让大家相互进行评价或是教师巧妙地加以引导都能促进学生更深层次的思考，让对话延续。教师对于学生答错之后的尊重，能帮助我们更加清晰地了解学生出错的原因。

记得在讲《三角形内角和》一课时遇到了这样一个问题：把三角形一个30°的角截去之后，剩下图形的内角和是多少度。

当问题呈现后，孩子们先是沉思片刻，然后不断有同学纷纷举起小手。这时，我看到班中李佳林同学充满自信地举起手。我准备把这次机会给他，教过他的老师都知道，他平时的数学理解不是很强，因此在数学学习上有一定的畏难情绪。这次他能这么自信的高举小手，一定要满足他！

"180°减30°等于150°"佳林信心满满地回答道。

"完了，又答错了！"我心里想着。

可嘴上却顺着他的思维说："好！那剩下图形的内角和等于150°！"

"不对！不对！"下面的同学议论了起来。

"怎么不对啦！？佳林，给大家说说你的理由！"

"我想，三角形的内角和是180°，去掉一个30°，应该就是150°吧！"佳林用疑问的口气解释道。

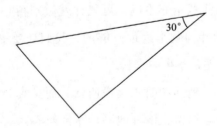

"嗯！说得很有道理！"

"其他同学有什么想法吗？"

"我觉得不对！因为这个三角形截去一个角后，就会多出2个角，剩下的图形就是一个四边形！"

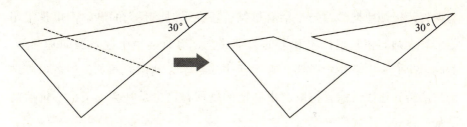

经过同学们的判断和推论大家一致认为：当剩下的图形是四边形时，所剩图形的内角和是 360°。

还有的同学提出，这个三角形截去一个角后，剩下的图形也许还是一个三角形……

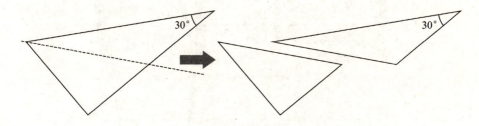

"佳林，快想想！这时所剩图形的内角和是多少度？"我鼓励道。

"180°！"佳林随口而出。

"为什么呢？"

"因为所有三角形的内角和都是 180°！"这次佳林很坚定地说。

"那刚刚你所说的 150° 又是什么呢？"

只见他胡噜着大脑袋，不好意思地说："刚才我错了，我算成剩下的两个角一共是多少度了。"

"看来佳林今天的收获不小哟！知道三角形的内角和是 180°，还会通过内角和来求其他两个角的度数，真了不起！"

我对他笑笑，他也对我笑笑，自信又回到了他的脸上。

从上面的几个小事例不难看出，要想培养出想说、敢说、会说的学生，只有教师与学生、学生与学生就教学内容进行平等交流、真诚沟通，才能做到互相借鉴，取长补短，孩子们才会敢于质疑、敢于亮出自己的观点。

当然，教育远不仅仅停留于课堂内。数学本身的精神、思想、方法以及由此产生的美感，使数学具有独特的魅力。如何让数学教育落实到课内与课外，很好地把学习与生活有机结合？在平时，我们的老师们也是很用心的！老师们在营造民主和谐的数学课堂、尊重学生个性发展的基础上，鼓励学生们到生活中学数学，在生活中用数学，利用数学美，创造出更多的生活美，让数学课堂得以自由和谐的延伸，这也是社会主义核心价值观的最好体现。

我们让学生自主学习"年月日"，寻找出排列规律，用自己喜欢的方式设计年历，相信孩子的潜能，为孩子提供自由创作的空间。

通过绘制创作《我身边的人民币》《克与千克》《买年货》……孩子们把自己所拥有的知识用于实践，真切地体会到知识源于生活，并应用于生活。

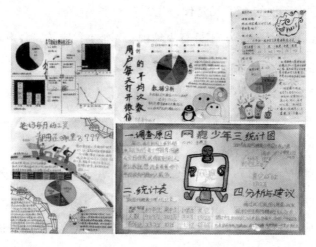

在"国博课程"责任主题《载歌载舞》的教学中，当介绍这件舞蹈纹彩陶盆时，我先和孩子们一起观察，一起发现纹饰中掩藏的秘密。

通过观察，孩子们发现：彩陶盆上有 15 个小人，她们分成三组，而且均匀地分布在了圆形陶盆的周围，这些能告诉大家什么呢？（孩子们想到可能当时的人们已经知道了什么是平均分配……）那么，三组人物均匀地分布在圆形的陶盆上，他们又是怎么做到的呢？要知道那个时候可是没有圆规、没有尺子、没有半圆仪等工具，如何在圆上进行三等分呢？我鼓励孩子们大胆的猜想。孩子们猜测出了不同的答案。

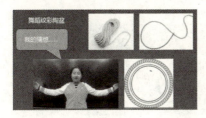

有的想借助绳子，先围出圆的周长，通过把绳子进行三等分，来解决圆上的问题；有的想到用三根等长的小木棒围成一个正三角形，再借助这个三角形对圆进行三等分。同学们真是想法多多……那么古人究竟是怎样解决这个问题的呢？这的确是个秘密，现在比较认可的解释就是古人会利用自然界里很多事物帮助他们解决这个问题，比如说他们能够利用自然界里本身就有的三等分事物作为简单的测量工具——类似三叶草的植物……

再观察，这些人在做什么？对，他们在跳舞，从图上看，他们的动作

整齐划一，那么同学们能做到吗？让我们也来试试吧！

　　根据示范，孩子们先从 5 人一组一起跳开始，不断地增加人数，一直到 15 人。在这样的体验过程中，孩子们会发现，人越多想要跳齐就越难，每一个人都要跳好，都要统一节拍才行，每一个人都承担着一份责任，只有每个人都跳好了，才能跳得整齐……进而引出千手观音，引出拔河比赛，引出孩子们校园生活的真实场景，让孩子们体会与他人合作时要有责任意识……

　　数学在现实世界无处不在的应用中形成了色彩斑斓的环境，这一切足以为学生的情感体验提供丰富的条件和源泉，这需要我们每一位老师用心体会。老师们，让我们将社会主义核心价值观渗透到数学学习之中，使我们的数学课堂成为教育的主阵地。让我们的学生在自由、民主、平等、公正的和谐氛围中，快乐地学习、健康地成长！

运用积极心理学理论有效应
对课堂"预设外"问答

吴丽梅

预设表现在课前，指的是教师对课堂教学的规划、设计、假设、安排。每位教师在课前备课的时候，对于自己所设计的教学环节会得到怎样的问答都会有个基本的预设。但是有时候，学生的回答会出乎你的意料，不在你的设计之内，在笔者看来，即为"预设外问答"。遇到这样的"回答"，处理得好，会使得课堂大放异彩，处理得勉强，会伤害到学生的积极性，令教师充满挫折感。除了丰富自身教学经验，将预设尽可能完善之外，有没有一些理念或者模式能够帮助教师们比较好的处理这些"预设外回答"呢？积极心理学作为研究人类力量和美德等积极方面的一种心理学思潮，由于其蕴含着积极的心理理念，给我们提供了一种很好的实践角度。

一、相信自己，以积极心态定义学生"预设外问答"这件事

遇到学生的"另类"回答，授课教师有怎样的情绪体验呢？沮丧、紧张、无奈、烦躁……那么情绪背后的信念是什么呢？"我不能出错""如果有一点不顺利就是我自己没做好准备"绝对化、扩大化的理念是不理智的信念，教师处于这种心态的控制下就会怀疑自己，无法给出合适的回应。如果，让我们换一个积极的角度来看待呢？心理研究表明，在愉快和谐的教学气氛中，学生心情舒畅，大脑皮层处于兴奋状态，接受信息、处理信息特别敏锐，他们积极参与教学过程，敢于发表不同见解，进行创造性学习。所以，从这个研究出发，学生能出现"预设外问答"可以看作是教师的课堂气氛和谐，教学非常出色，那么，教师还会觉得是自己不够好吗？有意识地培养自己积极的归因风格，即做出有利于自己的评价。利于行为改进和能力提高的归因，不仅有助于在课堂突发情况时保持乐观和冷静，

也有利于教师个人心理健康，人格完善。

同时，教师也要相信自己的能力，清楚自己的限制，不要因为回答不上来或者不能出色的回答而过分内疚，质疑自己。对于这一点，唐代文学家韩愈曾经在《师说》中给我们很好的解释："弟子不必不如师，师不必贤于弟子，闻道有先后，术业有专攻，如是而已。"以轻松乐观的心态来面对学生的问答，营造轻松和谐的氛围，有助于良好的师生关系构建，而关系永远先于教育。

二、欣赏孩子，以积极的思维方式令学生永远保持愉悦的情绪体验

积极心理学强调人的积极情感体验，学生在课堂上的发言，无论是多么令人意想不到的角度，教师应先想到保持学生愉悦的情绪体验。因为根本上而言，教育就是一种引导人追求卓越的积极品质，实现人性的积极发展，从而获得美好生活的活动。保持学生愉悦体验需要教师学习积极赋义，即把学生的回答赋予积极的意义，以积极的视角来看待学生，欣赏学生和他们的发言。

在这个理念指导下，即使教师回答不了学生的问题，仍然可以令课堂气氛活跃，比如对学生说："你的问题角度非常独特，老师都没有想到呢，说明你很注意观察，请保持下去。有兴趣的同学可以课下找找答案。"学生得到肯定，高兴了，自信了，其他同学也学习了从不同角度看问题，直至跃跃欲试寻求答案。教师也不用纠结这个问题，感到尴尬。

欣赏学生的发言，找到关键点，能够帮助教师更好地进行到下一个环节，更加出色地完成教学目标。例如，一次品德与社会学科的课上，老师讲到一个科学实验，提出一个问题："一只小羊总要面对一只笼子里的狼，假如你们就是小羊，面对狼会有什么心情呢？"孩子们纷纷回答：会害怕，紧张。这是符合老师的预设的，因为这个科学实验的结果就是：面对狼的小羊最后因为惊恐，健康受到严重影响。而这时，一个小男孩说："我觉得小羊会快乐！"老师和同学们都有些懵："快乐？"小男孩解释说："小羊的天敌被关在笼子里了，他当然会快乐！"这个回答虽然出乎意料，但是他的答案表现出他积极乐观的心理品质，这正是这一节课的教学目标。如果老

师能够从这个角度欣赏孩子，抓住这一点予以正向肯定，孩子得到肯定，保持了愉悦。接下来，或许可以从这个角度进行下一个环节的引导："你这只小羊可真是一只乐观的小羊，看到事物积极的一面，所以你看到的是狼被锁在铁笼子里。我们都应该向你学习，可惜这只科学实验的小羊不如你积极，它确实感到了恐惧和紧张，所以科学家最后实验发现，这只小羊病死了。"让正向的力量得到强化，暗示给其他孩子我们应该乐观积极，换个角度看问题，让小男孩得到他应有的鼓励，最后还成功过渡到了下一步环节。如果老师非要坚持自己的原有设计："可是狼是羊的天敌啊，即使关到笼子里，羊看到狼会害怕是本能。"学生会感到自己的想法被否定了，即使他接受老师的观点，课堂气氛也会非常的生硬，老师也会感到很别扭。

保持学生愉悦的情绪体验并不是不管他们的答案正确与否都进行表扬，而是找到他们发言中值得被欣赏的地方，欣赏孩子，欣赏他们的发言。例如一次安全教育课上，讲到高层楼房逃生的方法。一个孩子说："用降落伞。"降落伞是一般四年级孩子都不会用的答案，特别是这是一个平时不怎么听课和回答问题的孩子，教师很容易受到固有印象和情绪的影响，认为他是故意捣乱，出难题。那么，我们怎么找到欣赏的角度呢？"用降落伞真是一个有意思的办法，你能想到说明你很有创造性，而且非常感谢你今天认真听课并思考了这个问题。那么大家来说说，你们认为降落伞这个主意可行吗？"虽然和原定教学计划有些不一样，但是该生很意外他这样"搅局"的回答得到了老师这么认真地对待，表情特别严肃，从后面课上他频频举手能看得出他心情愉悦的变化。而这个问题也引发了其他学生的思考。

三、积极表达，帮助教师将"预设外问答"转回到原有轨道上

积极的表达，可以通过表情、行为、语言等各种方式实施，表情和行为要配合语言来向学生传递正向的信息。比如前文所提到的教师回应，如果配上饶有兴致、津津有味等表情，或者和学生握手等行为都将使得教师的回应更加生动和真实。

课堂上有时候需要教师的表达简洁明了，比如："很棒！""有想法"等等。但是遇到"预设外问答"的时候，反而需要教师多说，可以有一些固

定的表达模式，比如："我感到这个问题你进行了有深度的思考""看得出你是一个乐观的孩子"。这样的表达模式和语速会让学生感受到你的真诚，也为教师赢得了思考的时间，思考下一步如何处理这个问题等等。无论如何，教师真诚的情感表达是最具有深入人心的魅力的。

积极心理学提出人类有智慧、勇敢、仁爱、克己、超越、公正六大美德，具体包括创造性、好学、批判性思维、洞察力、毅力、诚实、热情、爱与被爱的能力等24项个人优势。这些人类优势我们都可以从学生的身上找到，而"预设外问答"或许就给我们提供了一个很好的窗口。看到这些潜在的优势，去找出它们，不吝惜你的赞美，相信你的课堂会别具风采，无论什么样的课堂突发状态都会让你的师生关系更加和谐。

参考文献

[1] 黄正军. 谈谈政治课中的幽默与愉悦. 新课程，2012（5）
[2] 任俊，李倩. 积极心理学视野下的学校教育理念. 班主任理论与实践，2014（3）
[3] 阳志平等. 积极心理学团体活动课操作指南. 北京：机械工业出版社，2011

小组围坐式座位排列的教学效果

——以读书社课程为例

张斌轩

一、小组围坐式座位排列下教师的课堂行为表现

（一）教师的课堂行为

1. 教师授课的站位

通过观察小组围坐式座位排列下语文、数学课上教师的课堂行为，我发现与普通课堂中教师总是停留在讲台上不同，在小组围坐式座位排列模式下，教师更乐于走下讲台，走到学生身边，聆听学生的想法。

2. 讲授时间的变化

教师在讲台上的时间减少了，就意味着教师讲授的时间变少了。在普通的课堂中，教师"教"的活动占据主导地位，可以称之为"以教为主"的课堂教学。而在此种座位模式下，削弱了教师在课堂中的主导地位。小组围坐式座位排列模式下的课堂更侧重于以学生为主导，因此在这种座位模式下的课堂，教师的讲授时间大约占整节课的1/4。学生通过讨论和上台汇报，自己解决问题。当学生在台上的讨论长时间停滞不前或有错误时，教师则会走上讲台加以引导。教师在讲台上的授课时间减少了，而在台下与学生沟通交流的时间却大大增加了，使得整个课堂更有活力，教学效果也非常好。

二、小组围坐式座位排列条件下的教学效果

小组围坐式座位排列模式下的课堂改变了传统课堂中"以教为主"的教学模式，学生在课堂上以小组为单位尽情讨论并上台汇报，学生在课堂上占主体地位，真正实现了"变教为学"。

（一）知识内容的掌握

在小组围坐式座位排列下的课堂，学生将被动的接纳知识转变为主动的探索。如针对一个问题，学生集思广益提出多种解决问题的方法，并针对方法进行了汇报讨论。通过学生自己的探索解决了这道问题，并找到了联系。在王静老师教授读书社课程《鲁滨孙漂流记》一书时，学生在以读书小组为单位进行充分讨论交流后，用精辟、有深度的语言，说出了自己对鲁滨孙人物性格的理解，使整节课得到了升华。

因此，小组围坐式座位排列下的课堂，可以使学生主动探究解决问题的方法，使学生主动获取本节课的知识并进行拓展，使得本节课的知识内容更加充实，有深度。

（二）综合能力的提升

小组围坐式座位排列下的课堂更是锻炼了学生在行为习惯和表达方面的能力，使学生在相互探讨中学会倾听与有效表达，同时也可以培养学生规范课堂行为和规范答题的能力。在讨论及汇报过程中学生无论是在语言表达、思维能力方面，还是在课堂行为方面都有了很大进步。在此种座位模式辅助下的课堂可以激发学生无限的潜能。

1. 表达能力方面的提升

在小组围坐式座位排列模式下的课堂，学生的行为习惯和表达能力都可以得到锻炼。这种座位模式下的课堂，以小组合作学习为主。学生通过与组内成员的交流讨论获取知识，从而学会倾听、合作与表达。通过倾听组内成员的意见，可以锻炼学生提取、整合信息的能力。在汇报环节更是锻炼了学生的表达能力，每组上台的同学都有一套固定的汇报用语。如："我们是 XX 小组，下面由我们组开始汇报……我们组汇报完了，请大家补充。谢谢你的建议。"汇报结束后，有些没有听懂的学生会提出"我没有听懂，请你再讲一遍"。在这个过程中，汇报者要尝试将问题讲述得更清晰，更有重点。而台下的聆听者也在努力思考，勇于提出自己的疑问，这样无形之中使课堂形成了一个良好的学习氛围，学生勇于发言，敢于表达自己的想法。

2. 行为习惯方面的提升

当学生汇报完毕后，底下的学生不仅会对他的思路提出建议，而且也会对汇报者的汇报行为提出建议。如：汇报者汇报完毕时有学生提出"你的声音有点小，我建议你说得洪亮些"或"我希望你的字可以写得更好看"，这样有助于学生养成良好的课堂行为习惯。

3. 归纳总结方面的提升

在二年级下半学期进行读书社的教学活动时，我们根据《爷爷一定有办法》一文提出问题，让学生找一找爷爷都想出了什么办法，解决了哪些问题。学生踊跃发言，在小组互相的交流与发言中，学生们的语言慢慢变得精简明了，概括的准确性也大大加强，使整节课得到了升华。

由此可见，小组围坐式座位排列模式下的课堂，可以锻炼学生的综合素质，让学生的各方面能力得到提升。

（三）学生适应情况

由于小组围坐式座位模式的使用并不广泛，多数学校在班级中仍采用"秧田式"座位模式。因此，在这种座位模式下，有部分学生参与不进课堂。但在小组围坐式座位模式下，学生在讨论中即使没有思路，也可以先聆听其他学生的想法，还可以向小组的其他成员寻求帮助，使其尝试着融入课堂。在小组围坐式座位模式下的课堂，保证了每个学生在课堂上都会有或多或少的收获。

三、教学内容与围坐方式

（一）具有矛盾性问题

在遇到具有矛盾性问题的教学时，通过设计矛盾性的问题引起学生产生认识、生活经验等方面的矛盾冲突进而形成悬念，让孩子们产生求知心理，此时的小组合作往往会比较高效，学生在小组围坐式座位排列模式的辅助下，将问题讨论得更加深刻。如在读书社《鲁滨孙漂流记》这一课中，教师提出"你认为鲁滨孙是一个怎样的人，你是从哪里看出来的？"这样一个问题摆在学生面前，增强了他们的探究意识。学生们畅所欲言，先在组内展开了激烈的讨论，教师也走到学生之中与学生一起讨论，使得整堂课活跃且深刻，实现了语文教学中的"变教为学"。

（二）探究性问题

遇到探究性问题的教学时，采用小组围坐式座位排列模式，可以让孩子们以小组为单位开展一些实践性活动。

四、对教师的建议

（一）注重小组成员编排的科学性

教师把全体学生分成若干个学习小组，每个小组都有高、中、低三个层次的学生，能力尽量平衡，让每个学生在合作中都有展示自我的机会。在分组时也要注意到男女生之间的比例。此外，在合作中，小组的成员还应有一定的分工，即每一位学生都应担任一种特定的角色。以读书社课程为例，在课程中每一个读书小组都会有如下几个成员，并且有不同的分工。

小社长：负责主持、提讨论问题，讨论进展顺利，并在讨论中及时让离题的成员回到话题上来。

朗诵家：把书本中的内容大声朗诵给其他同学听。

小画家：负责用图形、符号或素描方式，把作品的情节用绘画方式呈现出来，讲给大家听。

摘要员：负责用简短的语言把读的内容讲给其他人听。

小神探：找一找或者请爸爸妈妈给讲一讲诗歌的意思，表达情感，读书社课上介绍给其他人。

小演员：负责用剧本表演的形式把读物的精彩章节表演出来。

智慧星：负责把故事的内容与自己的生活经验相连接，找出关联性。

而且，小组角色应该互相轮换，增进生生互动的有效性，让课堂在小组围坐式座位排列模式的辅助下更加积极有效。

（二）教师应当扮演好一个组织者

教师应该明确什么时候要采用小组围坐式座位排列模式。教师应对合作学习的目的、时机、运用范围和过程进行认真的设计后，再来采取小组围坐式座位排列，才能真正地使课堂活跃起来，从而满足新课标的要求。

关于小学生人际交往问题的研究

王潇雨

良好的人际关系，有利于小学生人格的健全和个性社会化的发展。目前部分小学生已出现不乐于或不善于交往的现象。由此诱发的心理疾病已影响了他们中一部分人正常的学习和生活，进而影响到其健全人格和良好个性的形成，因此亟待引起家长、老师、学校管理乃至社会的关注。

一、人际交往的相关概念

（一）人际交往的定义

人际交往是指在社会生活中，人与人之间为了达到彼此传递思想、交换信息、表达情感、满足需要等目的，通过一定的方式实现心理上的沟通和行为上的相互作用。

（二）小学生人际交往的不同领域分类

小学生的人际关系主要表现为亲子、同伴和师生关系。本文重点研究小学生同伴关系和师生关系。

二、小学生人际交往问题的不同表现案例及分析

（一）胆小怕事型

人的性格存在差异，每个班里都会存在胆小、腼腆的孩子。他们说话声音很小，不敢举手发言，也不和他人交流。即使自己有一些基本需求，也通常不敢提出，甚至受到欺负也忍气吞声，回家向父母求助。

（二）自我欣赏型

1. 没有攻击性的孤僻清高

有的孩子比较享受自己的独处时光，他们不太合群，偶尔和老师交流。

我班有个特别乖巧的女孩，在绘画方面很有天赋，但从不主动和同学玩，下课常凑到讲台前和我分享她的故事。一次课间，她与我的聊天被一个同学无意间打断，她的脸上露出一丝厌烦的表情，和平时一贯温顺柔弱的形象形成反差。

2. 带有攻击性的骄傲自大

刚入学时，个别学生时常因排队这样的小事闹别扭，这些不懂得谦让的孩子在生活中往往也比较自大。学生 G 表现在对同学行为上的攻击，例如摔他人铅笔盒，把同学的铅笔戳断。学生 Z 则表现在语言上的攻击。一天收看广播时，其他班在精彩展示中提到"我班的同学听讲都很专注"。Z 马上不屑地说道："一点也不专注。"紧接着展示中又出现同学们课间翻翻绳的影像，Z 又马上道："这个我也会!"在和自己班同学接触中，他也经常表现出对同学不屑一顾，急于表现自己。

（三）胡打胡闹型

有的学生本无恶意，但其行为令老师和家长头疼。比如我班的 C 同学，不会开展有益的活动，只会和同学打打闹闹，既误伤到别人，也常误伤自己。其语言表达能力弱，依然还停留在与伙伴肢体接触阶段。

（四）自我封闭型

我教过的女生 S，情绪易波动，极度缺乏安全感，平时只和极少数女同学和温柔的女老师有交流。另一女孩 L 也是典型的学习无障碍，沟通成问题，她课上积极发言，思路清晰，声音洪亮，但表情呆滞。

三、小学生出现人际交往障碍的成因分析

（一）性格原因

1. 性格腼腆

2. 争强好胜

（二）家庭环境影响

1. 独生子女被溺爱

目前独生子女的教育问题已成为培育新一代人素质的大问题。家庭中

形成的自我中心的个性使他们与小伙伴相处时不懂谦让，不重视他人感受，缺乏合作意识，不懂得倾听。前面提到的两个有攻击性的孩子就属于这一类。

2. 缺乏自信，不被关注，不被欣赏

当今中国离婚率不断上升，父母离异往往给孩子造成严重的心理创伤，有的孩子变得性格孤僻、情绪消沉、自卑胆怯，有的变得易烦躁、反抗、敌视，也有部分孩子想得到他人关注和肯定，又缺少正确引导，所以会出现 C 同学那样的表现。

L 同学的家人虽然对她的生活呵护备至，却不善于表达对孩子的欣赏，姥姥还常抱怨："和她妈妈小时候一样倔死了，打死都不张嘴。"因此她也会出现敏感、不自信，老师有时当众提醒或者询问哪些同学落交了作业，她也会视为这是老师对自己的批评和否定。

3. 父母情绪影响孩子的性格

S 同学的妈妈通情达理，凡事和孩子有商有量，但经常妥协，自认为每次孩子发脾气后也能明白道理，却无形中纵容了她的坏脾气，导致她在学校不能和同龄人融洽相处。而爸爸脾气又易急躁，就更注定了 S 不会控制自己的情绪。

4. 成长环境过于宽松，家长缺乏引导

那个有绘画天赋的小女孩的父母都属于高素质家长，给孩子足够的空间，且格外欣赏孩子独处时所产生的灵感和各种独特的想法。作为教师，我很尊重家长自己独到的教育观念，但具备与人沟通的意愿和与他人正常交往的能力也应是学生必备的素质。

5. 父母包办代办

最常见的教育方式是父母包办代办，不需要孩子去做决定。这导致孩子逐渐失去自我，不敢发表意见，不会沟通解决问题，最终连自己的感受也被忽略，出现人格的缺失。

四、引导、帮助学生正确与人交往的策略

针对以上问题，我们应对症下药，找到解决问题的途径和方法。

（一）帮孩子树立正确的人际交往观

1. 教会尊重

苏霍姆林斯基说过："只有尊重别人的人，才有权受到别人的尊重。"尊重，是人际关系的起点，是每个人必须具备的品德。对小学教师而言，引导学生学会尊重，对做人的培养会起到打根基的作用，将有助于形成其他良好的品行。

2. 相互信任

鲁迅先生讲过："对于孩子，小的时候不把他当人，大了以后，也就做不了人。"这句话的意思是，我们要给予孩子充分地信任，相信孩子有能力自己解决问题，为一些基本的事情做决定、拿主意。老师和家长的信任，可以引导学生正确地归因，正确地评价自己的行为，同时客观地看待事物并做出评判和决定。

3. 学会赞美

引导学生学会发现别人的优点，坦诚地赞美别人，也是小学生成长中不可缺少的一课。教师可以通过学习中外故事，或利用品德课和班队活动让学生试着真心赞美同桌等，并说说当自己赞美别人时心里的感受；也可问问对方，听了别人的赞美你感觉如何。

（二）组织集体活动，参加社会实践

1. 在集体活动中丰富交际语言

交际最直接的方式是"语言"，因此过语言关是进行交际的首要条件。教师和家长应有意识地创造让学生"说"的机会，如举行班级演讲比赛、班委竞选，让学生独立主持班队会等，让学生各抒己见，在具体的语言实践中，规范表达，提升语言素养。

2. 通过社会实践，增加交往机会

社会实践是教育教学的重要组成部分。让学生参与社会实践活动是成长过程中不容忽视的环节，也是引导学生由自然人走向社会人的必要途径，是学生接触认识社会、了解社会、增强社会实践能力和社会责任感的重要学习活动。

（三）在班集体活动中激发学生合作交流意识

1. 创设亲子宽松交往的氛围

宽松和谐的教育氛围是培养学生交往能力的温床。教师可以召开"微型家长会"，让家长和孩子互相写写对方的优点，促进家长和学生共同反思。骄傲自大的孩子会反思自己对父母是否不够关心；缺少自信的孩子感受到父母对自己的肯定和骄傲，重拾自信。无论哪种，都可以促进家长和孩子直接的交流。

2. 开展"小组合作学习"

人们常说：小合作有小成就，大合作有大成就，不合作就很难有什么成就。一个人学会了与别人合作，也就获得了打开成功之门的钥匙。

如今我们在课堂教学中提倡"合作学习"，它不仅有利于调动学生的学习积极性，也增加了学生的语言表达机会、交流机会，从而培养学生的人际交往能力、合作能力和团队精神。

3. 团体合作游戏

游戏是学生特别喜爱的运动，对儿童个性的形成和发展起着重要作用，合作类的游戏，不仅锻炼身体，对于培养学生的适应性等能力都有极大的帮助。学生在游戏中，逐渐养成团队精神。当今社会不仅要让学生学会知识，还要在学习的过程中学会怎样做人，更要知道具有团队精神的重要性。

综上所述，老师除了日常的正确引导，开展活动为学生创造条件，提高他们的人际交往能力，作为家长，也应注意控制自己的情绪，创设良好的家庭环境去影响孩子，从而改善当今社会少年儿童人际交往问题的现状。

参考文献

[1] 张承芬. 教育心理学. 济南：山东教育出版社，2000

[2] 刘永胜等. 教育就是唤醒自信心. 北京：新世界出版社，2005

体态语言促"乐""效"课堂

——浅议体态语言在小学数学低年级教学中的使用

张春艳

一、问题的缘起

数学作为一种特殊的语言，就其本身的抽象程度来说，它的内涵仅仅依靠有声语言的传递是不够的。小学数学知识具有一定的抽象性，这与学生的具体形象思维不和谐，化数学的抽象性为形象性来调解这种不和谐，教师的体态语可以说起着至关重要的作用，它是有效实现这种转化的好方法之一。

真正关注体态语言在数学教学中的作用，源于一次听课：同一内容的不同上法、不同结果，引发了我们的注意和思考。讲课的两位教师，一位是刚工作不满两年的"新手型"教师，一位是有着丰富教学经历的"经验型"教师，这两位教师授课的内容都是《周长与面积的区别》。"新手型"教师从定义出发展开教学，并围绕周长与面积相关知识点进行对比区分，教师的教学语言也是到位的，可课堂气氛沉闷而木讷；"经验型"教师同样从定义出发，也是围绕周长与面积相关知识点进行对比区分，可是在区分过程中，这位教师让学生通过生动的"比划"来理解、区分周长和面积的相关知识，课堂气氛快乐而愉悦。其实在课堂上，我们经常遇到这样的情况，有些孩子表达自己的意思时，怎么都说不明白，无奈之下往往采用"指手画脚"的方式，而这种"比划"往往表达的就是知识的本质，师生还都能读明白，可谓是"无声胜有声"。

这使我们陷入了深深的思考：能否在数学课堂教学中巧妙地运用体态语言，在与有声语言"琴瑟和鸣"中让学生掌握知识，在愉悦的课堂氛围中，真正提高教学效果，建构一个"乐""效"同行的课堂。

二、概念的界定

体态语言又名举止神态语言，俗称手势、表情语言，是通过身体各部分的活动，利用运动、表情和造型来传递信息的无声语言，它和有声语言一样均能起到传情达意的目的。

本文中的体态语言主要定位于师生的动作表情与有声语言的巧妙结合，在提高学生学习兴趣的基础上，不断提高课堂教学的实效性。

三、数学体态语言的简要分类

数学教学中，常见的体态语言主要分为两类：情态语言和身势语言。

1. 情态语言

它是指人脸上各部位动作构成的表情语言，如目光语言、眉式语言、口式语言等，这些情态语言的巧妙使用，可以辅助学生理解知识。

如教学中，为了让学生理解毫米的微小，教师和学生一起从手指缝中抽出硬币后，为了表示毫米的与众不同，教师故意眯起眼、皱起眉、噘起嘴看学生的手指缝，这样一种情态语言的使用使学生不仅建立了 1 毫米的长度观念，而且体现了愉悦的课堂氛围。

2. 身势语言

亦称动作语言，指人们身体的一个或几个部位做出表现某种具体含义的动作。这些动作的协调使用，可以有效地表达数学知识的本质内涵。

如教学《角的初步认识》时，因学生还没有学过射线等相关概念，所以当教师的问题“角是什么样？”时，学生的描述要么停留在“一个顶点、两条边上”，要么就“默默无语”。这时教师让学生用动作把对角的认识表演出来。于是就出现了这样生动的画面：学生把自己的两个食指紧紧叠在一起，然后向两个方向分开并延伸着，直到最后伸不开了，胳膊还在那抖动。当老师问及：你这是什么意思时，学生的回答正是他们对于角概念的稚嫩而又正确的理解：还有很长很长，伸不完。虽然没有科学规范的语言，但是“无声”的动作语言却表达了无限的伸展空间，真可谓“意在不言中”呀！

四、体态语言在数学教学中的巧妙运用

1. 巧用体态语言，建立空间观念

在空间与图形的教学中，一个重要的任务就是要培养学生的空间观念。对于这一目标的实现，教师们都感到很棘手：知识教完了，学生的空间观念却没有建立起来。我认为空间观念的建立仅仅依靠有声语言是难以实现的，必须要借助体态语言的独特功效。它能辅助有声语言，在学生头脑中建立无形的表象，从而帮助学生把握图形的形状、大小、位置关系。如前面提到的例子，教师通过让学生演示 1 毫米的长短，再以夸张表情加以辅助，1 毫米的长度观念一定会深深地植根于学生的头脑。此外，像 1 厘米、1 分米、1 米等长度观念的建立，线、面、体的区分等，都可以充分运用体态语言，来帮助学生建立空间观念。

2. 巧用体态语言，理解数学概念

小学阶段，很多数学概念仅仅依靠有声语言和图像是难以理解的，因为在理解这些概念的过程中学生需要把接收到的信息（语言、图像）在头脑中转化成一个动态的过程，这样就给学生的思维造成了障碍。而体态语言与有声语言相比，更加直观形象，它直接刺激学生的感觉和视觉器官，将生动逼真的动作呈现在学生面前。如在进行"平均分"的教学时，为了避免仅仅停留在摆实物上，我们让学生通过动作将分的过程演出来，学生在边演边说中，感悟到分的过程是不一样的，从而加深对"平均分"概念的理解，这些对他们理解除法算式的意义起到非常重要的作用，从而为他们解决除法问题打下坚实的基础。

3. 巧用体态语言，明晰数量关系

新的数学课程改革，把传统算术应用题的教学纳入"解决问题"的范畴，淡化了"类型教学"，而更加注重"情境原型""生活情境""实际运用"。但是不管教材怎样编排，在解决"传统的算术应用题"的过程中，紧紧抓住数量关系是解决问题的关键。数量关系的分析和理解是一个抽象的、难以表述的过程，运用体态语言来表述数量关系，可以把抽象的关系形象化，从而提高学生分析、解决问题的能力。如在讲"用乘法解决问题"时，

为了让学生理解数量关系，就让他们用动作语言把"每头大象运 2 根木头"的意思表示出来。课堂上，学生边说"来一头大象就搬 2 根木头走了，来一头大象就搬 2 根木头走了……"，小手边从上到下拢成一堆的重复着，仿佛大象真的在搬运着木头。随着表演，意想中的"一堆、一堆"出现了，学生马上和乘法的意义"几个几"建立了联系，从而快速又准确地找到了方法，在愉悦的同时，落在学生头脑中的"关系"是清晰的表象，这对于他们今后学习更为复杂的数学问题将会起到重要的作用。

4. 巧用体态语言，习得运算技能

小学数学教材中，计算是重要的教学内容之一，是贯穿小学数学教学的主线之一，是学生学习数学知识的重要基础，也是学生今后生活、学习必须掌握的技能之一。大多数教师认为计算教学难就难在学生计算能力的培养上，往往是我们讲了、练了，但错题率非常高。很多教师习惯于把学生的错误归咎于"马虎""不认真"。但是学生的错误真的都是由于"马虎"造成的吗？许多研究发现，学生计算的错误除了"马虎"、算理不清外，还有一个更为重要的原因，就是缺乏有效的技能训练。这里的训练不是单纯的重复性的题海战术，它更需要教师的有效指导。如学习 123×45，左手代表 4，右手代表 5，计算前要求学生说计算过程时要边说边打手势，先用个位上的 5 去乘个位 3，再乘十位上的 2，再乘百位上的 1，手随着语言依次拍打左侧的膝、腰、胸，再用十位上的 4 去乘个位 3，再乘十位上的 2，再乘百位上的 1。这样的过程，把原本枯燥的数学计算课上成了计算顺序的"体操课"，学生边玩边练，学生不仅记住了计算的过程，而且在形象语言的支持下，还能正确、熟练地运用。

数学教学本身就是一种艺术，体态语言在数学教学中的巧妙使用，就是教师的一种艺术创新，它本身的特性决定了它具有有声语言不可替代的作用，在实际教学中，只要我们教师有一双善于观察的眼睛和一个善于思考的大脑，不断创新，有效地把体态语言融入数学教学中，我们的学生会学得越来越快乐，越来越高效。

浅析体育教学类微信公众号对小学体育教师素质提升的影响

——以史家教育集团体育教师为例

何 群

一、前言

（一）选题依据

为了更好地培养小学生的体育价值观，促进身体素质的全面提高，提升体育教师素质工作尤为关键。史家教育集团体育教师的素质提升主要依靠教研活动和教师培训，而传统的教研活动和教师培训受到时间、地点的制约，对体育教师而言，教学任务重，每周仅有的教研活动和教研培训远远不能满足日益发展的课程体系。

微信公众号的推出对各行业产生了巨大的影响。它以传播即时性、操作便捷性、内容丰富性、推送精准性、人际交流高时效性等优势，影响着用户工作和生活的方方面面。而体育教学类微信公众号的出现，为教师队伍提供了信息的互动平台，为教师素质的提升提供了便捷，为即时跨地域的面对面教研交流提供了可能。

（二）研究目的

探讨微信公众平台对小学体育教师素质提升方面带来的机遇和挑战，对如何利用微信公众号做好小学体育教师素质培养提出对策。

二、研究对象和方法

（一）研究对象

1. 研究对象

研究对象是体育教学类微信公众号对小学体育教师素质提升的影响。

2. 调查对象

调查对象是史家教育集团 39 名体育教师。

（二）研究方法

1. 问卷调查法

发放自行设计的问卷调查表，面对面进行询问调查。本调查问卷共发放 39 份，收回有效问卷 38 份，调查内容包括教师对微信公众平台的了解情况、使用情况、使用习惯、使用评价及影响使用的因素等方面。

2. 文献资料法

收集和阅读大量相关文献资料，总结公众号对教师素质提升影响的特征和一般规律，使整篇文章有充足的理论依据。

3. 数理统计法

根据统计学，对调查访问的有效数据进行整理。

三、研究结果与分析

（一）研究结果

将问卷调查的情况归纳汇总出统计数据，分别从教师队伍的特征、对微信公众号的认知度、体育教学类公众号使用状况和阅读频率以及对其实际教学产生的影响等方面进行统计。统计结果表明：一是史家教育集团体育教师中青年教师居多，占总数的 86.8%，绝大多数为男性，占 65.8%；史家小学体育教师的文化程度多数为本科学历，占 86.8%。二是史家教育集团体育教师全部使用微信公众号的功能。三是在 39 名史家教育集团体育教师中，关注 3 个以上体育教学类公众号的有 8 人，关注 3 个的有 10 人，关注 2 个的有 14 人，仅有 2 人没有关注过体育教学类公众号。体育教师通过朋友推荐的方式了解体育教学类公众号的人数较多，占 47.4%，通过关键字搜索的方式有 10 人，占 26.3%。四是史家教育集团体育教师利用上下班时间阅读的为 14 人，占 36.8%；业余休息时间阅读的教师为 15 人，占 39.5%；2～3 天只看自己喜欢的部分的教师占 47.4%，每天只看自己喜欢的部分的教师占 31.6%。五是史家教育集团体育教师对公众号希望推送的内容侧重在优秀教学设计及优秀课例、讲解体育技术动作及训练方法和最前沿的文献、论文上。六是教师对体育教学类公众号总体满意水平，非常满意有 7 人，占 18.4%，满意有 16 人，占 42.1%，一般有 13 人，占 34.2%，不了解仅有 2 人，占 5%。

（二）结果分析

1. 史家教育集团体育教师队伍以青年教师为主，微信公众号使用普及度高

史家教育集团体育教师队伍以青年教师为主，男女比例适中，文化程度普遍集中在本科，文化程度较高，对于新鲜事物的接受能力较强。微信公众号作为一种新的自媒体，势必将成为下一阶段实现信息共享与人际交流互动的主打平台，为体育教师的教研、课程设计等方面提供更多的帮助。

2. 体育教师对教学知识需求的多元化

教师的教龄分布于各个年龄层，以青年教师为主。对青年教师而言，随着时代的发展，知识也在不断更新，这也迫使教师对待教学要求更加严谨，教师不仅要会上课，更要会设计课程、创新课程，同时在德育上也要表现出自身的能力。首先，必须加强对教育理论的研究，掌握心理学、教育学及体育教学法的基本理论。其次，必须加强对教学对象身心特点和教学规律的研究，懂得教学对象身心发展的规律，教学规律和教学的基本原则、基本方法、基本要求。再次，要不断总结实践经验，善于把实践中的成功探索上升为理论，总结出科学的教学方法。在理论的指导下，不断地进行新的实践探索，进一步提高施教能力。

3. 体育教学类微信公众号应用广泛，对史家教育集团体育教师素质提升起到一定的影响

可以肯定的是微信公众号在教师的应用上还是起到了一定的作用。其内容也一定程度上影响着体育教师素质提升的三个方面：扎实的专业素养、创新的教学设计能力、良好的心理素质。

（1）具有扎实的专业素质。拥有精湛的专业素质，是体育教师区别于其他教师的标志，也是体育教师安身立命之本。当今社会专业素质合格的中小学体育教师应该是：掌握新的体育教育思想观；懂得体育教育的本质属性及目的；懂得人体科学知识，尤其对少年儿童的生理、心理发育规律及特征；要能运用增强人的体质的理论和方法，知晓体育锻炼原则及其对人体的作用。

（2）具有创新的教学设计能力。把握课堂上学生们的兴趣点，用极具吸引力的课堂形式，充分调动学生对知识的探索性和求知欲。所以，体育教师必须要有意识地提升自身教学设计能力。如 2016 年 12 月 10 日，"体育老师"微信公众号推送文章《跨越式跳高》教学设计及教案，文章从指导思想、教材分析、学情分析、教学目标、教学重难点、教法和学法以及教学流程等方面详细介绍了《跨越式跳高》的教学设计，这给小学体育教师提供了很好的借鉴和参考，实际指导意义很强。

（3）具有良好的心理素质。作为体育教师，要重视学生的心理健康教育，在授课过程中要使学生在身心愉悦的和谐运动环境中快乐的学习。微信公众号的出现为体育教师专业素质的提升提供了海量的专业体育知识，体育教师可以随时随地通过手机了解最前沿的专业理论知识。微信公众号为教师的素质提升提供了便捷。

4. 体育教学类微信公众号仍需要进一步改进

现阶段体育教学类公众号发展处于相对初级的一个阶段，用户服务、推送内容的质量等还存在着一定的问题，从满意度统计中可以看到，有 15 人是选择了一般及以下的评价，说明体育教研类微信公众号仍需要一段时间的磨合，从技术上、用户需求上着手进一步改进。

四、结论和建议

（一）结论

（1）小学体育教师对教学知识需求的多元化，微信公众号提供了丰富的信息平台。

（2）微信公众号对小学体育教师的素质提升产生了多方面的影响。

（3）体育教学类微信公众号仍需进一步完善，从而满足小学体育教师素质提升的需要。

（二）建议

（1）积极推进微信公众号对教师队伍进行职后培训，重视体育教师队伍专业素质的发展。丰富教研形式，促进教研形式多样化。

（2）以集团或地域为单位，依据自身教师素质和教学要求推出小学体育组内部的教学研究平台，如推出史家教育集团体育教学公众号。

小学校园良好游戏的表征及其保障

——以低年级小学生为研究对象

贾维琳

游戏，是儿童最喜爱的活动；游戏，是儿童成长最重要的体验。在小学校园内，游戏对于任何一位儿童都至关重要。因此，校园游戏资源需要得到高度重视。

一、小学校园良好游戏的表征

不少专家学者对游戏都进行过深入研究，但更多的是从游戏的角度对游戏进行属性和玩法归纳。具体在小学校园这个环境中，游戏发生时的氛围是特别的，里面需要融入更多考虑的成分。

（一）教师眼中的小学校园良好游戏

教师出于教育管理者的身份，因此更注重游戏的安全性、规则性、教育性。其中，采访老师时发现所有老师都最先从安全角度去考虑良好校园游戏的表征。其次，在良好校园游戏中所提及的教育性不是将游戏形式化，而是教师希望学生能够在游戏之中有所得。另外，规则性也是良好校园游戏的一个条件，规则保证了游戏安全地进行，也保证了游戏顺利地开展。

另一方面，教师尝试站在学生的角度考虑，认为良好校园游戏一定是学生所喜爱的，且是需要一定趣味性与挑战性的。

（二）学生眼中的小学校园良好游戏

在对一定数量的低年级学段学生进行采访时，发现他们对小学校园"良好游戏"的定义基本围绕以下五点。

第一，好游戏好玩且有趣。这是学生们心目中良好校园游戏的最主要特征。

第二，好游戏是拥有游戏的玩伴。经过观察和调查，可以发现低年级学生对于伙伴的需求比较强烈。其实，对于大多数游戏活动而言，拥有游戏玩伴本身就是一种十分重要的游戏资源。众多经验表明，好的游戏伙伴能让游戏变得更加精彩，让置身其中的学生获得更丰富的游戏体验。

第三，好游戏是安全的。在对低年级学生进行调查采访时发现，绝大多数学生对于良好游戏的看法都能提到"安全"，甚至学生们可以说出良好游戏的安全必要性，有理有据。

第四，好游戏可以促进体智发展。与静态游戏相比，学生普遍更偏爱动态游戏。但除了游戏对于运动功能发展的促进之外，学生也能谈到游戏对智力发展起到一定作用。

第五，好游戏要有质量保证。部分学生认为"含金量"不高的游戏不是好游戏。换言之，学生对于游戏的品质提出了要求，认为游戏的质量也是相当重要的。随着年龄不断增长，学生普遍不再处于幼儿阶段的游戏初期状态，即协商意识较弱，对于规则的重视程度低，游戏的质量较低，现在他们对于游戏提出了更高的要求。

总体来看，在低年级学生们的眼中，小学校园良好游戏的特质是比较表面化的，他们关注到的是良好游戏最直观的特征在他们眼中呈现出的样子。比如游戏的特征有趣，游戏人数的变化，游戏动态的开展等等。但也必须承认，学生眼中的小学校园良好游戏特征还是比较丰富的，也体现出了儿童视角的独特性。

（三）校园管理角度下的良好游戏

小学校园作为一个有着独特使命的大环境，决定了学生进入到校园后，更多的时空是学习，最重要的任务是学习，这会在很大程度上对学生游戏时间、游戏方式、游戏程度产生影响。因此，存在于小学校园的良好游戏要有适度性，可以让学生在有限的时间里适度地玩，在有限的空间里适度地玩。

（四）小结

教师和学生对良好游戏定义的侧重点不太一致。老师更多是从学校的秩序和要求出发，因此所考虑的主要为安全性、教育性、规则性。而学生更多是从自身的天性出发，他们所关心的主要为趣味性、娱乐性。

以上所罗列出的小学校园良好游戏的定义里，不同角度下的表征存在着共性，也有各自的特性。未来在评价小学校园良好游戏的时候，不仅要参考教师角度的定义，同时也要参考学生眼中的良好游戏，以及考虑到小学校园环境的客观因素。三个角度都至关重要，不能忽视。

二、小学校园良好游戏存在弱化趋势

经过长时间的观察和调查，发现小学校园良好游戏的整体趋势是在平稳中逐渐弱化地发展着。具体有以下表现。

第一，游戏的种类与数量逐渐减少。主要体现在如今很多良好的传统游戏已消失在时代的大潮中。笔者调查中发现，有很大比重的学生对传统游戏不甚了解，这直接导致传统游戏逐渐朝着校园中绝迹的趋势发展。其次，自主性游戏减少，规划性游戏增多。很多时候，教师规定了学生开展游戏的项目，或是带着学生做一些教师已选择好的游戏。这在一定程度上导致学生的游戏形式比较固定，甚至可以说单一，不能让学生凭借兴趣去开展自己想玩耍的游戏。另外，室外游戏减少，室内活动增多。受客观实际条件所影响，学生活动范围受限，因此学生在校园内所能开展的游戏不可避免地受到限制，一定程度上导致了那些需要场地的良好游戏逐渐减少。

第二，在小学校园之中存在着一些良好游戏不良化的趋势。这往往是学生随心所欲添加或篡改游戏规则所造成的，导致游戏不能良性地正常进行，而校园良好游戏就在这种不良化趋势的背后逐渐弱化。

三、针对小学校园良好游戏弱化趋势的对策

上文提出，小学校园良好游戏的发展存在着弱化的趋势。因此，针对在小学校园良好游戏中暴露出来的弱化发展趋势，提出一些对策。

（一）政策下加强对于学生游戏的保障

《儿童权利宣言》和《儿童权利公约》把游戏规定为儿童的基本社会权利之一。基于这两部法律，我国先后对 3 ~ 6 岁儿童游戏权的展开进行立法

保护，但却没有涵盖年龄稍长的小学生。因此，我国可在相关法规中对学生游戏权保障进行规定，包括保障学生游戏的时间，确保学生足够的游戏空间，为学生提供适宜的游戏材料等。

（二）教师多角度保障良好游戏有序进行

监督学生开展游戏的教师角色必不可少，教师需要对不良游戏进行控制和警惕。在这个过程中，教师还可利用多种策略来对待和调整游戏，如筛选、再造等，以保证游戏良性进行以及更好地开展。同时，要想使学生身心全面健康协调的发展，教师一定要尊重和保证学生的正常需求，必须保障学生游戏的权利，不能一味限制学生游戏。另外，教师可充分利用家长资源。作为低年级的小学生，他们自己接受外界资源的途径是有限的，因此可借助家长资源。让家长主动示范，创造条件教授孩子传统游戏的玩法，比如踢毽子、跳皮筋、跳房子等。

（三）学校为学生游戏生活提供资源保障

现在各个小学的硬件条件都比较过关，如果条件允许的话，可以推进相关硬件设施的建设，对游戏区域提供资源配备，并增添游戏设备和补充游戏材料缺失。另外，许多传统游戏形式都是值得人们珍视的宝贵游戏资源，所以从学校角度出发，帮助传统体育游戏回归校园是很有必要的。不过在这个过程中，要注意探寻它们融入小学校园的途径，使这些传统游戏能够顺利和谐地"落地生根"。学校还可开设有关儿童游戏的课程，这样将游戏资源融入学校课程之中，有利于学校和教师更好地开发和利用游戏资源，为学生综合素质的培养提供最切实的保障。除此之外，也可充分开拓体育课的教育资源。在体育课堂上科学合理地组织游戏，开展体力与智力相结合、富有浓厚娱乐气息的活动，不仅有利于体育课堂活跃气氛，提高教学质量，更重要的是，可以作为开展和示范小学校园良好游戏的平台，向学生教授一些良好校园游戏的玩法，让这些游戏迅速地传播开来。

（四）学生自主探索和开展游戏活动

可以开设多种多样的平台，让学生自主探索和开展校园良好游戏，如此一来，学生不仅能够深入地认识到校园良好游戏的益处，从自己心中接受并认同，而且还可以共享更多良好游戏，丰富自己的校园生活。

　　谨以此文对小学校园良好游戏的表征和保障表达一点自己思考，希望可以为丰富学生校园生活带来一点方向。愿小学校园游戏文化不断充实，学生能在有益的校园游戏中幸福成长！

帮助交际障碍的儿童树立在集体中的自信心

李梦裙

学生来到学校，除了获得知识、提升学习能力以外，锻炼人际交往能力也是重要内容之一。作为教师，我们要引导学生建立良好的人际关系，锻炼与人相处的能力，促进学生性格积极发展。

认知方式、认知能力的不同使得学生在获得信息、做出计划和解决问题时的心理过程存在差异。另一方面学生的性格差异也使学生在对客观世界的态度、理智、情绪、意志等方面存在不同特征。为了促进学生的全面发展，教师要熟知学生的性格特点并因材施教。在我们的日常工作中，也常常会遇到身心特质与一般人有差异的孩子，这样的孩子虽不是特殊儿童①，但在普通教育环境下，这些孩子的成长更需要老师的关爱和帮助。在集体中，由于一些行为习惯与他人不同，和他人交流的方式不妥，这些孩子面对同学、老师会承受更大的压力，因此给予这些交际障碍的儿童更多关注，帮助他们树立在集体中的自信心非常重要。

一、背景

"文文这个孩子有点特殊，你得多费点心。他和同学的相处很成问题，有时急了还会动手打人。"这是我最初听到的对文文的描述。相处之后我进一步发现，文文的确是一个性格执拗，非常情绪化的孩子，他既不善于与同学相处，也不会与己相处。与他人相处时，说话总是很大声，语言也很"楞"，让同学很难接受，还经常和同学争得面红耳赤。在班里，他没有朋友，自己说话的意愿也因表达方式的不妥而长期受到压抑，与人交流的方

---

① 特殊儿童：指由于某些生理的、心理的或社会的障碍，使其无法从一般的教育环境获得良好适应与学习效果，而需要借助教育上的特殊扶助来充分发展期潜能的儿童。

式就更显突兀。久而久之，班里个别同学会"盯准"文文，抓住他的小错误，因此和同学之间的冲突就更频繁。和同学相处的困难使文文非常焦虑，三年级原本是孩子树立自信心的重要阶段，文文自信心的确立显得格外困难。

二、主题

如何正确帮助交际障碍儿童树立在集体中的自信心。

三、教育案例

（一）面对老师的批评，学生情绪激动，动手打人

开学第二天的室内体育课上，老师让文文展示他记的笔记，文文把跳绳个数的单位"个"写成了"条"，引得同学哄堂大笑。老师批评文文抄写时不认真，在同学的笑声中，文文无法平静对待老师的批评，当场就哭了起来。班里的一个男生借机取笑文文，恼羞成怒的文文路过他身边，挥起拳头打了他。经过任课老师调解，课上的冲突暂时平息，但实际上心里的疙瘩并没有解决，课下两人再起争执。

（二）人际交往使孩子情绪紧张，学习压力极大

文文的父母对于孩子的情况非常重视，也承认孩子的一些特殊表现，并坚持对文文提出严格的要求。尤其是在学习方面，父母希望文文通过优异的成绩赢得同学们的尊重，建立自信心，弥补与人交往方面的缺憾。这样一来，无论是对于家长还是对于文文自己，成绩代表着文文在集体中的尊严和自信，因此家长对于孩子的成绩极为重视。孩子本身也受此影响，时常因为成绩给自己很大的压力，而这种压力又无法得到及时的排解，文文的紧张情绪在期末复习阶段表现得非常明显。

期末阶段，班里曾断断续续有孩子因流感请假，文文也请了几天病假。临近期末，复课后的文文在作业练习的空白处歪歪扭扭地写了一句话："老师，您觉得我期末能考出好成绩吗？"这行字顿时让我感觉到文文对于期末考试成绩的看重，更看到了成绩给孩子的心理造成了巨大的压力。

终于在期末的一天，文文因为数学测验考了 79 分而大发脾气。在午自习时，文文突然大哭起来，边哭嘴里边含混不清地大声说着话。这时班里的同学鸦雀无声地看着他，再看看我，学生们都在等着看我怎样处理。这样的紧急情况，更应淡而处理，此时最应该的就是让紧张的文文冷静下来。数学卷子的问题留到课间，单独了解情况，先对文文进行心理疏导。

四、教育过程及效果

（一）利用矛盾事件顺利解决，化冲突为转机

对于像文文这样身心特质和其他孩子不太一样的学生，他们我行我素的个性经常会给其他同学造成影响，因此和同学之间的冲突会显得比较频繁。班里绝大多数同学对文文的态度都是乐于理解和帮助他的，但仍会有个别同学"盯准"文文，抓住他的错误和理论告诉老师。因此对于这样的学生，当他们和别人发生冲突时，老师更需要以一个公正的态度去了解和评判。当文文和同学出现矛盾时，我都会详细地了解事情发生的来龙去脉，客观公正地调解。文文虽然行为举止和其他学生很不一样，可却是一个诚实的孩子。当他犯错误时，他会非常真诚地还原事实情况，面对自己的错误。

（二）信任架起师生内心沟通的桥梁

经过几次冲突的调解之后，我和文文之间建立了充分的信任，这是我从一件小事中感受到的。有一次午餐分饭时，文文因为挑食被老师批评了，文文觉得老师不够公正，旁边的一个同学和分饭的老师告状说文文骂老师，这件事正好让我碰见了。"骂老师"这样的错误是很恶劣的，老师立刻严肃地问文文："怎么了？"文文委屈地接不上话，执拗的他不知道怎么解释。按照文文以往的脾气，这样的误会一定会让他生气，很可能发脾气。但这次文文没有，他嘴里和分饭老师说着："我没有骂您，我只是觉得有的同学也没吃……"让我没想到的是，文文的眼睛一直看着站在角落里的我。那一刻，我觉得自己就像孩子的一根救命稻草，成为他在班里最信任的人。从那时开始，我非常注意和文文之间的交流，我感受到他变得更听话了，我的教导他更能听到心里去了。

（三）家校合作共促学生健康成长

期末阶段，我察觉到了文文的紧张情绪，便对文文的情绪更为关注。但一个三年级的男孩因为偶尔一次考试失利，在班里大哭大闹，不顾老师和同学，他所表现出的紧张感令我非常担心。在处理这件事时，我注意到孩子的愤怒、伤心和难过是因为出于对自我的要求，无法面对自己这样的成绩，但同时，我也从孩子的话语和表现中看到了他的担心和害怕，害怕爸爸妈妈会说他。因此，我及时和文文的父母取得了联系，了解到因为前一段时间的缺课，爸爸妈妈这段时间在家集中地给孩子复习，晚上睡得比较晚，早上很早就起来了。在这种情况下，无论是父母还是孩子自己都给予了很大的学习压力，孩子本身也很看重考试成绩，觉得这意味着在集体中的尊严和自信。在和文文爸爸妈妈的沟通过程中，一方面，我着重让文文家长理解，成绩并不意味着一切，成绩不能代替孩子在人际关系方面的表现。孩子自己很看重成绩，很有上进心，给了自己很大压力，作为家长和老师，我们就更应该帮助孩子疏导压力，引导他朝着积极的方向发展，同时也使孩子的内心更加轻松愉悦。通过家校沟通，我们的共同努力，最终文文在期末语文考试中得到了全班第一的好成绩。

（四）创造积极、温暖的集体氛围

交际障碍的学生因为缺少朋友，在集体中承受着很大的压力，因此老师就要引导大多数的学生给交际困难的学生更多关心和爱护。文文的每一点进步我都会捕捉到，并积极地在全班面前表扬、鼓励他。时间长了，同学们渐渐意识到，虽然文文在行文举止上有些表现不好，但在其他方面，他也有比我们厉害的地方。因此在我们的班集体中，绝大多数同学都给予了文文更多的关爱和理解。在期末的奋进生评选中，文文以 94.3% 的最高得票率被评为了"奋进生"。

身心特质与其他学生不同的孩子更需要老师和同学的关心，因此老师更要注意引导集体中的学生帮助这样的同学。教师的真诚和耐心才能打开孩子的心房，建立起信任的桥梁，通过家庭、学校的沟通协作，共同帮助这些孩子建立起自信心。

镜头·故事·和谐

——浅谈语文综合实践课"微电影"课程之教学价值

鲍 虹

每年 4 月，史家小学都要组织一次别开生面的访谈，校长与即将毕业的学生畅谈"六年中你最喜欢的课程"。作为年级组长，我有幸倾听了学生代表发言，从孩子们绘声绘色的言谈中了解到，语文综合实践课——"微电影"课程是他们最喜欢的！这些年，史家小学对于课程开发秉承着：积极寻求适合孩子成长的切入点、结合点和发力点。实践中，我们发现，微电影课程让孩子们用镜头记录成长、感悟生活、体味自主、升华认识、学会协同，并把课本知识进行迁移转化、拓展深化、贯通融化，已成为孩子们学习知识的"书香阁"、彰显个性的"特色地"、全面成长的"快乐园"。也许有人会问，"传媒""微电影"这些成年人都很难掌握的内容，为何如此受到孩子们追捧？孩子们能拍出像样的作品吗？"微电影"课程有这么大的教学魔力吗？

[实例一] 为了竞选演员，A 班四个女生当场比试哭戏，眼泪瞬间流下；为了解决拍摄机位移动稳定性问题，B 班几个孩子主动向食堂借餐车做轨道；为了让剧组有序顺利拍摄，为了让拍摄的经历得到沉淀，C 班两位同学每拍摄一次就细心记下日志，总结经验和教训……

"微电影"课程就是这样让孩子们痴迷，让他们能大胆释放天性、大胆展开想象、大胆体验角色、大胆张扬自我，从而培养学习自信、强化个性特点、找到绽放舞台。

[实例二] D 班有一位同学。一天，他在操场拍一个镜头，突然一坨鸟屎从天而降掉到他的肩上，他只看了一眼便继续拍戏。事后老师问他为什么不把鸟屎擦一下，他说：那场戏拍了 20 多遍还没拍好，我要是擦鸟屎就又得重拍一回。所以，我就想等拍完了再说吧……

言为心声，行由意发。细微的动作、简短的话语，让我们感受到的是孩子们用行动感知、由实践体味到的职业精神、团队意识！"微电影"课程为学生创设一个真实的学习情境，使学生在实践体验、实际操作、问题解决中获得新的认知。

[**实例三**] 拍摄中，数学老师这样说：很欣慰，孩子们在拍摄微电影过程中，能够将数学知识和拍摄方法、拍摄角度联系在一起。学生把摄影构图时通常运用的三分法看做是黄金分割的演变，并且在实践中加以运用。他们把长方形画面的长、宽各分成三等分，整个画面呈井字形分割，交叉点便是画面主体（视觉中心）的最佳位置，是人们的视觉美点。数学知识在微电影拍摄中起了很大作用，微电影拍摄也促进了孩子们的数学学习，让他们更加深刻感受到数学无处不在……

"微电影"课程将多学科知识在实际操作中进行整合，加强了孩子们的感知、理解、运用，提升了孩子们的重视、喜爱与主动，使孩子们的思考力、迁移力、运用力、表达力、探知力无缝衔接，相得益彰。

基于这样的认识，我们尝试在语文综合实践课中设立"微电影"课程。一位电影大师曾经说过，"没有哪一种艺术形式能够像电影那样，超越一般感觉，直接触及我们的情感，深入我们的灵魂"。在实践探索中，始终抓住"镜头·故事·和谐"这一主题，注重知识掌握、能力培养、情感深化、价值构建等要素的互促共进，不断挖潜"微电影"课程的教育价值所在。

一、关注自主成长——成长不能替代、成功不可复制

开设"微电影"课程后，学生的学习热情空前高涨，编、导、演、摄、后期制作样样学，在教室、楼道、操场……都有学生实践的身影，他们以班级为单位，有独立思考编故事的；有把机器放在餐车上当拍摄轨道的；有举起自己制作的灯光板反复对光的；有看上去是激烈的争吵，实际是同学们在练习台词……

"微电影"课程中，我们鼓励孩子原创剧本、自主统筹、拍摄实践、自行剪辑、自我宣传。过程中，每个学生积极参与，置身其中；每个团队自主自发，俨然一个小剧组在运作，在这里孩子们是成长的真正主角。环节

上，道具、服装、灯光、舞美，诸多元素不设"标准答案"，尊重主体、尊重原创、尊重个性、尊重特点，防止和克服了千篇一律、千人一面。

第一届"萌芽杯"微电影创作中，获奖的小黄同学说出了大家的心声，"我们今天拿到的是'史家的奥斯卡'，明天我们一定努力拿到世界的奥斯卡！"可以说，成才的"种子"在孩子们的心田已悄悄萌芽，相信每个人都会因自己独特优势发展成长，最终获得无限的梦想张力、成功可能！

二、聚焦核心素养——素质全面打造、素养厚积薄发

剧本创作，与学生的写作息息相关；现场表演，离不开流畅的语言表达；摄影摄像与后期剪辑，取决于熟练的软硬件操作；舞美道具和镜头构想，需要较高的审美情趣为支撑。微电影的拍制过程，实际就是学生综合素质相互取长补短、全面锻炼打造的过程。

全面打造素质之时，我们还注重学生思想创意、实践创新、人文底蕴、情感认知等素养的发展。课程开设三年来，坚持做到环节有心得、课课有体会、年年有评比，着力引导孩子们培养良好的情感、态度和价值观。作品《极限追捕》，孩子们拍了整整一年，历经春夏秋冬四季，老师调侃说："你们可以跨季拍摄呀！"天真的孩子说："我们就是要真实！"这份纯真、这份真实就是课程的最大价值所在。孩子们在微电影整个拍制过程中，自由组合、挑选剧本、划分小组、具体排练……虽然难度很大，但个个尽心尽力，一起商量、共同研究、协力推进。一名学生在拍摄日记中这样写道：当演员不容易，拍戏也不容易，光鲜背后是多少人默默付出啊！

值得一提的是，在剧本特别是课文剧本的排练演绎中，通过创设"情境"，营造语文学习的实践场域，学生在鲜活的环境中学会了语言、理解了语义、领会了语感、体悟了语"情"，既能懂又能用，既会写还会说，既身临其境又感同身受，他们收获的不仅仅是课本知识，也不仅仅是具体能力，更可贵的是他们收获了对他人、对生活、对社会、对事业甚至对理想的深刻理解，而这正是未来社会对人核心素养的基本要求。

三、挖潜教育价值——整合全维要素、整体和谐育人

"微电影"课程作为语文综合实践课，将呆板枯燥的静态文字，变成交

流运用的动态文字，通过整体构建、舞台设计、角色演绎、道具准备、合作协同等环节的学习，引导学生实践式理解文字、交流中体验感知、探求上升华情感、协同中提升能力，实现了语文学习主体性、工具性、人文性的高度统一。这些知识的学习、能力的培养、素养的生成，在以往教学中散落于语文、美术、音乐等学科，无法有效同步整合、齐头推进。"微电影"创作这门语文综合实践课，正是落实科学育人、整体育人、和谐育人理念的有效载体、有力抓手。

这一点，我们从近些年孩子们拍制微电影所表达主题、表达形式、表达深度等要素的变化中，有着极为深切的感受。第一届作品，很多仅是几张 PPT，主题不明、层次不清，很显稚嫩；第二届，有一部是结合作文《我的爸爸》，设计多个层次、挑选多组画面，体现陪伴、彰显亲情、表达感恩；第三届作品，大部分学生都选取课本中经典范文，创编人物对话、创设舞台情境、创新表现形式，时光穿梭、动静结合、文乐并用、声光电并举。进步的背后，作为一线教师，我们真切看到了——学科与学科之间的无缝衔接、同学与同学之间的团结协作、家长与孩子之间默契理解、老师与同学之间的融洽融合！这是什么？我们理解，全时、全员、全维、全位的挖潜聚合、整体培养，这就是和谐！

微电影里的绽放，源于整体育人、和谐施教。视听交互下，我们聆听孩子们成长的故事；光影的交错中，我们发现孩子们成长的价值；镜头的伸缩中，我们感受孩子们成长的力量。"微电影"语文综合实践课为我们提供了一个直抵教育价值深处的实践领域，等待我们不断去研究去探索……

小学六年级统计创新教学的思考与实践

刘伟男

一、课前慎思

曾看过一句让我深有体会的话，"和统计数据打的交道多了，什么见鬼的事情都能遇上"。从那时起，我对统计着了迷，翻看一本本与统计相关的书籍，我深感"统计学"的好玩与无穷魅力。但越看越着迷，越看越苦恼！

苦恼学生为什么不觉得"统计"好玩？

积攒了小学前五年对统计学的理解与实践，随着年级升高，学生越来越觉得统计没挑战、没意思。"统计"单元的教学甚至被老师们看作是不教也会的内容……

面对六年级的学生，统计教学还能做些什么？还能给学生带来哪些新意呢？

苦恼怎样把教师的兴趣变成学生的兴趣？

例如，统计数据显示：

在铀矿工作的工人与其他人的寿命相当，有时甚至更长！

打太极拳的人与不打太极拳的人平均寿命相同。

去救火的消防员越多，火灾损失越大。

足球队的获胜率与队员的球袜长度成正比。

我觉得有趣，学生不觉得。什么样的话题更贴近他们的生活？什么样的教学形式更适合他们？

苦恼这节课还有什么？

史宁中教授在《教育与数学教育》一书中写道："小学统计学课程设计的核心目标是培养学生'通过数据分析问题'，课程设计的总体框架应当是，体现从收集数据到分析推断的全过程。"贯穿小学统计教学的全过程，对统计学习有一个完整的体验，学生们会表现如何？

最新的 PISA 测试结果公布，上海蝉联全球第一。在这喜人的成绩背后，我们不可忽视的是学生在"问题解决"方面的明显反差。张奠宙老师说："所谓问题解决，专指非常规问题。这类问题设置的情境相对复杂、条件隐含、答案开放，没有现成的解法可以套用，是具有挑战性的问题。"这节课，可否设计出一个这样的问题，供学生尝试、探索、解决呢？学生们又会表现如何呢？

二、课中笃行

基于以上思考，我准备了一节六年级总复习阶段的统计课。下面是课中几个片段。

课始：经验判断

板书：＿＿＿＿越＿＿＿＿，口算能力越好。

（学生根据自己的经验填空，最后教师板书：脚越长，口算能力越好。学生惊讶！）

生：我觉得不是，口算能力和脑子有关，和脚没关系！

生：这个说法没科学道理！

师：在学"圆"的时候，我们想过"针"和"π"（普丰投针试验）会有关系吗？（学生摇头）看来，有时候我们习以为常的东西，不见得就一定对！看似不可能，会不会实际却是真的？

课中：实践检验

1. 收集数据

生：我觉得要先收集大家脚长和口算成绩的数据，然后比较才能得出结论。

师：这个意识真好，有了数据，我们才好用数据说话！脚长的数据，已经在家测量过了。口算成绩，我们现场测一下。这次的口算练习和平时的不一样，时间短、题量少，做对几道得几分。在发口算卷的过程中，应该注意些什么，才能保证每个实验数据的公平？（学生想法略）

2. 整理数据

师：我们每个人都有两个数据，这么多数据收集起来，要怎么说明它们之间的关系呢？

生：让脚最长和脚最短的两个同学比一下口算成绩，然后看看是不是脚越长口算成绩越好。

生：把口算成绩一样的人收集脚长。比如口算对了12道题的同学，把他们的脚长都算一算，然后再看口算对了11道题的脚长。

生：可以设计一个范围，比如20~22为一组，22~24为一组，再比较组里同学的脚长。

……

3. 描述数据

表1　　　　　　　　　　　　　　　　各组数据对比

组号	1	2	3	4	5	6
脚长	<22._	<22._	<23._	<24._	<25._	<26._
人数	4	5	9	10	7	5
成绩	10.3	15.6	13.7	14.4	14.3	13.3

4. 分析数据

生：第二组最高，最后一组又低了，所以我觉得脚长和口算能力没有关系。

生：如果是"脚越长，口算能力越好"，那我们算出的成绩应该是逐渐增高的，而这个数据并不是这样。

……

提升：故事启发

PPT展示：美国一家制药厂研发了A、B两种治疗心脏病的药，为了检测药性，研究人员分别找来200人服用，结果见表2。

生：B药好！

表2　　　　　　　　　　　　　　　A、B药性检测结果

	总人数	有效	有效率
A药	200	80	40%
B药	200	100	50%

B 药投入使用，可在之后的几年中，有多达 5 万人因服用 B 药而死亡。B 药不像医生想象的能有效治疗心脏病，怎么回事？研究人员又进行了深入调查，他们将服用药物的 200 人分男、女研究，哪种药好？见表 3。

表 3　　　　　　　　　　　　A、B 药服用人群性别统计

	男　性			女　性		
	总人数	有效	有效率	总人数	有效	有效率
A 药	50	35	70%	150	45	30%
B 药	150	90	60%	50	10	20%

生：A 药好。

师：咦，怎么回事呢？（略）

自省：反思改进

师："前车之鉴，后事之师"，反思刚刚我们的研究，你觉得有什么可以完善、修改的地方吗？

生：我们研究的人数可以再多一些。

生：也可以男、女分开研究，因为男生的脚要比女生的脚大。

……

师：课前说"脚越长，口算能力越好"，不是瞎说，有人研究过的，请看研究过程。

（PPT 展示：研究对象：全校 3000 人；研究内容：100 以内整数加减法；研究结果：略）

师：是怎么研究的？合理吗？（略）

三、课后反思

"你想干什么？""你要教什么？""应该怎么教？"看着老师们褒贬不一的课评，我思索着这条创新之路该如何走下去……

（一）选什么素材？

准备这节课时，我阅读了大量书籍，搜集了近几年所有相关文献。我在寻找一个"好问题"。想通过这个"好问题"，贯穿教学始终，要易懂、

要引"生"入胜、要有数学价值、要能向纵深发展。想通过这个"好问题"，培养学生解决问题的能力。在学生的认知水平上，要解决这个"好问题"，没有现成的数学问题求解模式可以模仿，要独立思考，要通过自己的探索获得解决问题的途径。

符合条件的"好问题"，不好找！

我曾想到一个，"纸飞机哈气能飞更远吗？"我们在飞纸飞机时，常常会下意识地哈一口气，认为哈了气会飞得更远，可真的如此吗？面对这个问题，学生会如何解决呢？

"纸飞机"与"脚长"相比，前者更贴近学生生活，更符合我们正常的思维逻辑。可是，哪个让学生更受益？要解决"纸飞机"的问题，学生只需要测量飞机几次飞行的距离（或时长），再求出哈气与不哈气两种飞机的平均飞行距离（或时长），即可解决问题。而要解决"脚长"的问题，需要学生思考与探索得更多。对于小学高年级的学生而言，要解决"脚长"，会更有挑战性、综合性。

（二）有没有关系？

课讲完了，学生跑过来问我："老师，脚长和口算有关系吗？"

我微笑着看着他："你觉得有关系吗？"

学生（犹豫着）："我觉得是没有关系的。可是，一开始就没关系，讲到最后还是没关系，都是没有关系，那这节课上什么呢？"

上了六年的小学，发现的都是规律，统计出来的都是真理。可现实中的科学研究都如此吗？给学生这样一个"意料之外"的体验不好吗？课堂开始"没关系"，课堂结束还是"没关系"，这节课就没有价值吗？爱迪生尝试了99种材料做灯丝，别人说他失败了99次，他自己说是成功地知道了99种材料都不适合做灯丝。今天，我们也可以和学生说，"通过研究，我们更肯定了没有关系"。这也是一种价值啊！

课讲完了，听课老师问我："脚长和口算到底有没有关系呢？"

我笑着答道："没关系啊！"

老师们更疑惑了："没关系，你半天讲什么呢？"

我不好意思地回答着："就是在讲没关系啊。"

不是我就想讲"没关系"，是我在寻找"好问题"的时候，只找到了这个贴近学生生活，而且又能在课堂上实施的话题。我也希望找一个看似没关系，结果统计出来发现有关系的问题。如果能找到，相信带给学生的冲击会更大，感悟会更深。

可是，没有。所以退而求其次选了这个看似无关，可能实际也无关的"脚长与口算"。为什么要加"可能"？是有一次，一位男生提出——

"脚越长，口算口绩越好"也是有可能的。我们的脚底有很多的毛细血管，脚越长分布的毛细血管就越多，毛细血管就会给大脑送去更多的氧，人聪明了口算就好了。而且我还想到，我爷爷经常去做足底按摩，也许多按摩也能帮我们变聪明呢？

从脚长想到毛细血管，想到足底按摩，这不也是创造吗？我觉得学生只要能打开思维，敢想、敢猜就是价值！

将"Π"与"针"结合在一起的蒲丰，成为第一个用几何形式表达概率问题的人；将"太阳黑子"与"股票"结合在一起的岛中雄二，让全世界的人看到并惊讶于，这个神秘的自然现象竟然和我们息息相关的经济生活如此吻合。

新课标强调"提出问题"的能力，怎么让学生提出问题？我觉得，首先得让他们先"想"起来！"想"起来就会有发现，"想"起来就会有创造！

（三）答案在哪里？

张奠宙先生曾举过一个例子："一条船，船上有 75 头牛，32 头羊，那么船长几岁？"1997 年中国被测对象中有 92% 的学生得出 43 岁；2008 年，再次检测，得出 43 岁的学生将近 62%；2015 年，这个百分比是多少？

面对这个问题，张奠宙先生说过："其实每个学生都闪过念头——'这题不能做吧！'但是，最终还是相信老师出的题目都是能做的，求个答案交上去。"

我想，这有学生的问题，真理面前他们不自信；这更有老师的问题，我们常常要让学生给我们一个答案，却不曾想过没有答案其实也是答案。

尊重是打开学生心灵的钥匙

杜建萍

古人云："感人心者，莫先乎情。"可见情是最能感动人心的。当代教育心理学研究指出，情感教育是高层次的有效的教育章程。因此，教师在自己的工作中一定要注意情的渗透与感化效用，运用多种方法把自己的爱传递给学生，滋润他们的心田。

当教师的，最重要的是尊重学生。在全面推进素质教育加强师德建设的过程中，许多学校流传着这样一句话：把尊重带进校园，把尊重学生逐渐转化为自觉行动。这说明广大教师在改变旧观念，促进师德修养，对学生奉献爱心时，认识到爱学生首先应从尊重学生做起。学生是在教师的尊重中学会做人，学会自尊的。人类最不能伤害的就是自尊。而教师对学生的不尊重，会极大地伤害学生的心灵，甚至会影响一生。

我曾经教过这样一位学生。他很聪明，但学习很差；他很淘气，但很有正义感；他自尊心极强，听不得半点批评，甚至有时会和老师发生冲突。在教他的三年中，我一点点地了解到他之所以会破罐破摔，都是因为在刚刚入学时，因为他的淘气而致使老师总是不调查清楚，就把一切错误怪到他的头上。后来，才越陷越深。所以，我深深地体会到尊重学生是教师职业道德的深刻性。

尊重学生，就要信任学生，不能随便怀疑他们。一个人被无端怀疑，是非常痛苦的。信任是对一个人人格的尊重。因此，信任会使一个人养成自律的美德。前不久，班中曾发生这样一件事。在我回教室取书时，看到了一位同学没有去午休，而是在翻别人的文具盒，把他人的橡皮装进自己的兜里。当时我很气愤，真想冲上去把他兜里的东西拿出来，但又一想不能，还是让他自己把东西拿出来吧。但怎么才能在不伤害他的自尊心的前提下让他认识到错误呢？于是我先让自己冷静下来，慢慢走到他身边，对他说："孙××，你是一个懂事的孩子，老师很喜欢你，你能回答我一个问题吗?"他睁大了眼睛，对我没有急风暴雨似的批评而感到惊讶。我问："如果一个人犯了错误能够及时改正错误，还是好孩子吗?"他深深地点了点头。我看到他的眼中噙着泪水。接着我又说："老师更喜欢诚实的你，明白吗?"他哭了，向我承认了错误。因为当时班中没有第三个人，所以这也就成了我俩的秘密。事后我问他为什么拿别人的橡皮，他告诉我他喜欢蓝色，所以就拿别人的了。当时听了，我马上送给他一块蓝色的橡皮，并且适时的教育他，再喜欢的东西不属于自己也不要拿。通过这件事，我知道了再小的孩子也是人，也需要得到信任和尊重，如果孩子生活在信任中，他便学会了自尊；如果孩子生活在怀疑中，他便学会了自贱。教师对学生的信任和尊重，是孩子成长的阳光雨露。

尊重学生，就要礼貌待生，多给学生提供展示自我和获得成功喜悦的机会。每个人都有展示自我的愿望，以期望得到别人的承认和尊重，后进生也不例外。后进生同样具有自尊心和荣誉感。由于长期得不到他人的赞扬，他们比一般的同学更渴望得到家长和老师的赞扬，老师要充分理解他们这种愿望和心情，多给提供展示自我和获得成功喜悦的机会，点滴进步及时给予肯定，就会使他们在潜能发挥中得到乐趣，在成功中体验到自尊、自信，逐步培养起乐观进取的心理素质。比如，在我原来教过的班中，有一个性格孤僻、固执，学习成绩差的学生，在日常的教育教学中，我慢慢发现在他孤僻的性格背后，有较强的自尊心和荣誉感，于是特意把一些事交给他做，做好了就在班上及时给予表扬，竭力培养他乐意为班级办事的积极性。同时还派学生帮他补习功课，使其学习成绩很快有了提高，受到各任课老师的表扬。后来，又让他专门管理班级卫生，他每天都早来晚走，勤勤恳恳，受到全班同学的称赞。在赞扬声中，他感受到了自身的价值和成功的喜悦，更勤奋学习，追求进步了。

现在，在我的班中有一个特殊的孩子。小云是我们班一个个子不高的小女孩儿，戴着一副厚厚的小眼镜，我很少听到她和同学说话，有时都想不出她说话的声音到底是什么样，好听不好听。对她的关注是从我们动笔写字开始的。还记得第一天写字时，大家都能把一个字准确地放到规定的格中，字形不会出现太大的改变，是一个我们能看懂的汉字。而小云却写出了我根本不认识的符号，每一笔和每一笔都没有关系，我以为是她的视力问题造成的，所以，决定手把手教她。我把她带到办公室，和她坐在一起，大手握着她的小手，一笔一画地写。本以为写过一两个以后，她能独立完成了，谁知让她自己写时，仍然不见改变，还是那些看不懂的符号。通过查找资料，我猜测小云应该是读写困难的孩子，这样的孩子在看字的时候，总是会漏掉笔画，或者将部件的左右、上下颠倒，所以她写的字都是错的。面对这样一个孩子，用和大家一样的标准要求她，是不可能的。怎么办？苏霍姆林斯基给教师的一百条建议的第一条就告诉我们，学习上的成就是一种相对的东西，对一个学生来说，"五分"是成就的标志，而对另一个学生来说，"三分"就是了不起的成就。教师要善于确定：每一个学生在此刻能够做到什么程度，如何使他的智力才能得到进一步的发展。能否保护和培养每一个学生的自尊感，取决于教师对这个学生在学习上的个人成绩的看法。我相信每一个孩子都是一颗种子，都是一个希望，我唯一能做的就是不要让这颗种子在我手里失去生命。我把小云的妈妈请到学校，进行了长时间的沟通。我了解到，妈妈在生孩子时，曾一度有过危险，宫内缺氧，也许这就是孩子目前这种状况的主要原因。先天不足，后天弥补。我们能做的，就是付出比别人更多的努力，期待孩子的微小进步。每天一有时间，我就把小云带到办公室，和她一起练习，先从横练起，从3毫米到10毫米，看着她哆哆嗦嗦的小手把我们看似很简单的一条直线画直，这真的是一个非常漫长的过程。现在，小云虽说不能写出多么漂亮的字，但已经进步很大了。就是这3毫米的直线，让我看到了希望。

苏霍姆林斯基给教师的一百条建议还告诉我们，教学和教育的技巧和艺术就在于，要使每一个儿童的力量和可能性发挥出来，使他享受到成功的乐趣。为了帮助小云，我鼓励她积极参加学校组织的各种活动。美德故事广播极大地吸引着她，为了鼓励她，我和老师申请，请小云到广播中，讲自己的美德故事，她开心得不得了，她的发言稿写到："还记得我刚上学时，一个字都不认识，更不会书写。可是我知道用功就会有收获，所以我坚持用功学习，现在我不仅能认识很多字，还能写很多字。"就是这短短的几句朴实的话，让我看到了希望，我知道她是一个不怕困难的小姑娘，她会努力向着阳光生长的。听妈妈说，她在家准备的别提有多认真了，一遍又一遍地念自己的稿子，通过微信发给我时，我震惊了，我在课堂上，从没有听到过这么好的声音，我知道，这颗小种子会在某一天发芽的。现在，她不再是一只孤单的小雏鹰了，每当看到她天真的笑容时，我都感到无比欣慰，同时深深地感到教师对学生的尊重是何等的重要，而这种尊重是教师的天职，他有别于朋友间的尊重，他深刻而久远，博大而无私。

尊重学生，就是尊重自己。尊重学生才能够开启他们的心灵之门。学生终归要长大。当他们像山一样充满自信地站在你的面前，俯下身来抚摸你满头白发时，你的心灵会感受到一种从未有过的自豪和愉悦，你的脸上一定会露出幸福的微笑。所以，敬爱的老师们，请尊重你们的学生吧！

第 3 部分

跨科联动

跨学科学习已经是当今学习的常态，在集团中教师们进行了各种尝试。

　　博知：倡导学生超越学校围墙进行博览与体悟，走进社会生活，让学习不止于教室，让学习随时随地发生。

　　笃行：倡导学习和实践相统一，通过跨学科的实践设计，让知识在实践中加以利用，并通过广泛的应用迁移，最终将知识转化为能力。

"史家传媒"创造教育综合实践活动课
——画筑梦成长

王 瑾

一、动画课程的缘起

每个孩子都爱动画，在看动画片的时候，他们眼中总是闪烁着清澈的光芒，他们随着情节或悲或喜，那种无比投入的神情着实让我们感动。孩子爱动画，就像他们爱玩耍一样，不是因为多有用，而是因为这些能让他们感到快乐。快乐，就是喜欢最简单的理由。动画中有好玩的故事，有生动的角色，有美妙的灵感，有纯真的愿望……动画是孩子们最放松的世界，是他们寻梦的天堂。

动画也是一种思维，它能开发孩子的右脑，让逻辑思维与形象思维全面发展，它能培养孩子们的综合素养。当孩子们掌握这种思维方式，他们将更具想象力和创造力，将来不管从事什么职业，这都将让他们更加热爱生活。

因此，动画是动起来的美好，看动画、画动画、学动画的孩子将更容易感受到幸福。我们新时期的教师就要开展创造教育，创造教育就是要培养国家发展需要的创新型人才。

二、确立"漫画"和"海报设计"课程，全面提高学生的核心素养

"史家传媒"课程根据孩子们年龄特点以及动画课程的特色，为培养学生的创造教育，我们确立了五年级"漫画""海报设计"课程。漫画和海报……是我们为培养每一个孩子所设立的传媒课程，我们以此为载体，让学生的核心素养有不同程度地提高。

（一）漫画

陶行知先生曾经说过："真正的教育必须培养能思考会创造的人。"漫画，在培养儿童想象力，启迪思维，培养孩子的创造能力和创新意识上有独到之处，它形成了一种独特的力量——艺术鉴赏能力，犹如一个尚未开发的宝藏。漫画，提高学生综合素养，陶冶学生高尚审美情趣，形成和发展学生感受美、认识美、鉴赏美、创造美的能力，是促进学生全面发展的重要途径之一。传媒课程给孩子搭建了创意漫画的平台，漫画创意想象给学生无限可能，在画法上，夸张是漫画的手法，夸张得出奇就是高手。我们在学生的作品中不难发现，真是高手如云啊！

1. 设计"社会主义核心价值观"的漫画系列

漫画是一种文化，文化是人创造的，而一旦人类创造了文化，这种文化又会反过来影响、塑造和改变着人。学生通过漫画的形式展现了他们眼中的社会主义核心价值观，对学生的社会责任、国家认同、审美情趣以及学习方面都是一种脚踏实地地落实与提高。通过漫画的设计，我们看到孩子们身心更加健康，实践创新的能力也更强。

2. 四格漫画创编故事大赛

四格漫画是漫画的一种表现形式，顾名思义，就是用四个画面分格来讲述一个小故事。短短四格涵盖了一个事件的发生、情节转折以及或幽默或感人或出其不意的结局。后来又发展出六格、八格漫画，以及更多格的连环漫画。

我们开展了四格漫画创编故事大赛，根据学校的办学理念及时代需求，确立了6个主题：课程、创新、安全、文明、新年、感恩。

只有让孩子们拥有一份自然、无拘无束、轻松愉快的心情，才会使他们焕发生命的活力，激发他们创作的兴趣。通过"创编故事"，回归他们创

新的自由。故事最受孩子们喜
爱，因为它最容易为孩子们所接
受。故事是孩子们自由的天空，
画笔是他们自由的思想，故事能
让他们自由快乐地表现自己独特
的个性。在孩子们的笔下，灵动
的创作思路，绘声绘色的创编故

事，色彩和谐的四格漫画作品，让我们又一次感受到漫画课程对学生综合
素养的全面提升。

　　一位哲学家说过："两朵云在同一时间、同一高度相遇，才会成为一场
雨。""四格漫画创编故事大赛"就是为孩子们创造了这样的契机，为孩子
们搭建了创意的平台，生成创想的空间，将一个个醇厚童真汇集到五彩斑
斓的童心世界中。通过一幅幅的作品，实现学生人文底蕴的润泽，科学精
神的实践，社会责任的认同，生命素养的提升。

　　（二）海报设计

　　海报设计是将语言文字、思维意识转化为可视的效果后，通过多种不
同元素的融合传达给观众的一种设计形式。看似繁琐复杂，但是，在传媒
课上，在孩子们眼中，海报设计课程是他们最喜欢的。根据五年级孩子们
的年龄特点，在进行海报和广告设计教学的时候，设计了不同板块的
内容。

　　1. 以培养学生的创意思维的板块

　　个性化展示自我——展示班级、学校的活动，社会、国家发生的事
情……

　　根据自己的喜好选择主题：四季、用文字元素表现、用线条表现、环
保主题、感恩主题……

　　2. 统一命题板块

　　配合学校教育，组织学生画社会主义核心价值观、介绍史家传媒十季
花开、微电影的海报宣传……

三、走近学生的画作，助力学生梦想

（一）画让学生成长，筑就他们的理想

1. 展示自我，绽放个性，追寻梦想

这个版块，就是个性化展示自我，设计自己的名字。基本信息如班级、年龄、性别、爱好、特长……可以通过其他的基本元素和色彩等表现，但是一定要有自己的特点。

（1）"萌"宅的我

从这一幅作品中，我们看到了一个就算是阳光普照也喜欢宅在家里、不爱运动的男孩子，但是他同样热爱生活，有灿烂的微笑，有阳光的心态，称自己是生活中的小白，喜欢美食，说自己是吃货，爱玩 iPad，喜欢四叶草，有时间就看书，甚至随性画几笔……这样的男孩子可能不是运动型男，可能也不是班级中学习成绩优异的孩子，但是他的可爱与喜好是一目了然的，用现在流行的话：萌萌哒小暖男！他能通过画笔真实地展现自我，绽放个性，追寻着自己的人生梦想。

（2）韩芊陌

从海报上我们知道了孩子的基本信息，透过画面，一个文静又热爱生活的女孩子跃然在眼前，一幅海报给了我们无限遐想……孩子就是在用画笔描绘自己今后的人生路……

2. 四季更迭，关注变化，踏寻梦想

关注生活中的细节，根据四季特点，画出孩子们眼中的四季。

（1）立夏

这个孩子关注了立夏这个节气，从画面我们看到她了解了立夏的知识，我们似乎还看到了一个微胖的女孩，她喜欢夏天，可以穿漂亮的裙子或者是泳衣，最关键的是她喜欢西瓜，连她的泳帽都是西瓜帽……如此善于观

察，有丰富的想象力，她的内心世
界是多么丰富，感情是多么细腻啊！
她为什么要画这样一幅画呢？出于
好奇，我采访了这个孩子和她的老
师、同学们。正如我们看到的，她
的确是一个胖胖的姑娘，她就是喜

欢画画，她也特别喜欢吃西瓜，她喜欢热情似火的夏天。这似乎和她内向
的性格形成了鲜明的对比。语文老师介绍，她们班出的阅读小报，她能画
系列的，一套一套的，各有不同的主题，看得我爱不释手……可是当我了
解到她的其他科的成绩都不是特别理想的时候，有的同学甚至质疑地说：
老师，那些画是她自己画的吗？她有那个创意和思想吗？……此刻，我深
深地陷入了深思，这样一个在基础学科里"找不到方向"的孩子，能自信
地站在我们史家传媒综合实践课的领奖台上，是史家传媒为她这样的孩子
搭建了施展自我才华的平台，让他们能在自己喜欢的领域里精彩绽放。我
们的课程，为他们今后踏寻梦想之路打下了夯实的基础。

3. 课程丰富，活动精彩，搭建梦想

史家教育集团丰富多彩的课程、精彩纷呈的活动成为孩子们画海报的
主题。这些都是孩子们喜欢的，他们思维活跃，脑洞大开，创意无限。

（1）少代会

在孩子们眼中，民主、平等的
教育才是值得信服的教育，从小培
养他们的主人翁意识和社会责任感
是我们教育工作者的责任。在孩子
们的心里，他们爱学校，他们更关
注学校的发展变化，这样的教育，
在孩子心中埋下了民主的种子，我

们培养的是适应国际发展的有综合素质的人才。

（2）关注动物——保护候鸟

孩子们会利用业余时间进行保护候鸟的活动，这不仅培养了他们的爱

心，更让他们懂得了人与动物和谐相处的美好境界。综合实践课为孩子们搭建了实现人生价值的梦想之路。

（3）十季花开

在孩子们画的十季花开的海报中，我们特别感动，不仅看到了孩子们对我们综合实践课——史家传媒五年十季课程的了解与宣传，更让我们看到了发自孩子内心世界最真实的声音：不上传媒课就手痒痒……孩子们得多喜欢我们的传媒课程啊！在和一位美术老师交流的过程中，她说，"孩子们一说上传媒课就幸福，眼睛就放光。他们为什么这么喜欢你们的传媒课程？我们这些美术老师也要好好考虑一下，传媒课程对于我们这些基础学科的教师真的是一种挑战，如何让我们美术老师的课也和你们传媒课一样受学生喜欢我们就是成功的"。

4. 读万卷书，行万里路，成就梦想

我们提倡让孩子们读万卷书，行万里路，这幅画是毕业班的孩子按照他们的心愿为母校设计的礼物，这里面承载了他们对母校的感恩之情，同时也希望师弟师妹们在浩瀚的知识海洋中行驶，前进！让读书成就孩子们的人生梦想！

（二）画实现学生成长，传承他们的梦想

对于孩子们而言，他们的创意是无限的，我们的教育就是最大限度地挖掘孩子们创意，让他们学会善于观察，有丰富的想象力，还要有与众不

同的创意。我让杨子居同学用不同的元素，设计"我爱史家"这四个字。根据多年对她的了解，我相信她有这个能力，她也能很好地完成这个创意。没想到一个晚上就出来了，当时"家"字不是这个样子，我们都不太满意。她说："王老师，我还能设计得更好，我回去再试试。"第二天她果真拿出了新的创意。我安排了另外 3 个孩子照着她的小样和她一起完成这四个字的成品。不难看出，四个字画风不同，虽然都是照着小样画的，最见功底的还是她自己设计自己绘画的这个"家"字。通过绘画，让一个孩子对自己的作品有精益求精的态度，让他们对自己有更高的要求，这是孩子今后人生中重要的学习、生活态度。这个孩子对绘画有热情有创意，她也喜欢写作赋诗，她出版了绘本，作为综合实践课的奖品送给了师弟师妹，希望传承这种对绘画对文学的喜爱。毕业后，她依然坚守自己的爱好，又出版了书画诗集，国际安徒生奖的著名儿童文学作家曹文轩给她写了序。当她把这份倾注了自己心血的《在翅膀上画房子》一书作为礼物送给母校时，让我切实感受到，画能让一个孩子插上理想的翅膀，希望她的理想与信念，能够在母校得以传承，让每个孩子心中的梦得以真正实现。

综合实践课筑梦所有孩子成长，希望我们能看到更多孩子们的绘画作品，更希望孩子们能通过绘画真正实现自己的人生梦想。

让创新回到孩子身边

——基于史家"创意生活社区"的思考与实践

陈纲 李娟

当前，创新教育及其所扎根的教育创新正在深刻地改变我国中小学的教育生态。在史家教育集团，创新教育直面"如何创、创什么、谁来创"的问题，与学生生活紧密关联，涵盖非物质文明产品，面向每一位学生。同时，创新教育呼唤教育创新，在突破课堂边界回归生活、突破科技边界回观文明、突破精英边界回应普适的史家教育创新中，史家创新教育基于学校课程建设和学生素养培育，真实地"回到孩子身边"。

一、史家"创意生活社区"之缘起

这是属于创新者的时代，"大众创业、万众创新"已成为时代的鲜明主题，创新创客教育正在如火如荼地开展，同时也不可避免地出现了一些问题。我们不禁要问，创新教育应该如何创？创什么？谁来创？也正是源于对创新教育最本真的追问，我们开始了"创意生活社区"的探索与尝试。

（一）创新教育如何创？

在成人世界预设的标准之下，我们的孩子时常觉得创新离他们很远。如何让孩子们觉得创新就在他们身边，不是那么遥不可及、深不可测的，让孩子们在创新中拥有获得感、成就感？我们的创新教育就一定要和孩子们的真实生活息息相关。

我们的创新教育不应是成年人虚拟设计的，不应是逐利求成的，它应当是有趣好玩的，符合孩子们的天性，与孩子们的生活息息相关。创意源于生活，更要改变生活。因此，我们的课程与教学要回归生活，回归社会，让孩子善于提出生活中的问题、社会中的问题、现实中的问题。要给孩子更多真实的情境和体验，激发他们的热情和兴趣，去完成真实的任务。允许孩子们天马行空、大胆想象，让他们去探索、动手、合作，体验成功，也体验失败。

事实上，生活与教育，一直是教育界无法回避的话题。近年来，"基础教育要回归生活"的呼声越来越高。课程生活化符合基础教育课程改革的理念与精神，又能够有效提升学生学习的兴趣和效能。将创新与生活联系，让创意源于生活、改变生活，这也是在贯彻史家无边界课程"活动课程化、课程生活化"的重要理念。

因此，我们在课程设计中，强调从学生的生活出发，让学生在实际的生活中亲身体验、亲手操作以获取对他们有用的知识，实现对原有经验的改造，让课程重返生活世界，将书本和生活深度链接。同时，充分关注学生的真实生活，引导学生探索和解决实际生活中的真实问题。

（二）创新教育创什么？

创新教育离不开一个"创"字，纵观国内大大小小的创客空间、创客平台，大多都是围绕着"高精尖"的科技项目，我们今天一提起创新教育，就是3D打印机等"高大上"的设备。3D打印机需不需要？肯定是需要的。但是，创新教育就一定是高高在上、遥不可及的吗？孩子的兴趣和爱好是多元的，尤其对于小学生来说，科技的启蒙和普及非常重要，但是一些"高精尖"的科技项目，孩子们理解起来需要一个过程，也有一定的难度。我们必须承认，不是所有的孩子都对科技感兴趣。那么，那些不喜欢科技的孩子就不能成为创新人才了吗？因此，我们有必要对创新教育的内涵有一个深入的认识，要对创新教育进行再思考、再理解。

我们都知道狭义的"创客"是指利用电子信息技术以及传统的加工工艺等加工制作的产品；而广义的"创客"的内涵则更加宽广，不但包括物质文明产品还包括非物质文明产品。史家要培养的创新人才，不仅仅是在科技创新领域学有所长，而是要充分尊重不同孩子的多元智能，充分考虑全体学生的兴趣和需求，放手让孩子去设计、去想象、去"创做"。史家创新教育的维度，不是单纯的工艺加工、科技发明，还包括非物质文明产品，具有人文性、社会性等特点。基于以上认识，史家将"人文创意""科技创意""绿色创意"作为"创意生活社区"课程的创新领域。

（三）创新教育谁来创？

谈起创新教育，一些老师认为这是科学老师的事儿，一些家长认为这是学校教育的责任，一些校长关注的是尖子生的专利和奖项。那么，创新教育真的只是少部分孩子的专属品吗？我们的普通孩子就与创新绝缘吗？不，我们认为创新教育不应是精英教育，不应是繁难艰深的，不应是逐利求成的，史家要做的创新教育是一种普及教育，它不以比赛为目的，它是每位学生都能参与的学科融合性、实践性、创造性的教育。

我们旨在构建一个交互协作、开放创新的学习共同体，让更多孩子、家长、老师参与进来。学习社区是史家创新教育的课程形态，它突破了传统的课堂教学，由不同类型的学习者及其助学者（包括教师、家长、专家、社会人士等）共同构成。在这个社区中，教学的内容不再局限于书本，不再是固定的内容，而是与真实的生活息息相关，处于不断地迭代与更新中；教学不再是由教师独立完成，而是包括学生、教师、家长、社会各领域不同身份人群担任的学生导师；教学的场域也不再局限于教室，而是充分借助互联网和社会各界的补充资源。通过学习社区，创新教育不再是学校单方面发力，而是汇聚多方的力量，链接学校、家长和社会，打造三方合力，基于共同的兴趣和目标，建立基于"创意生活社区"的创新教育生态体系。

基于以上三点思考，我们将史家创新教育定位为"创意生活社区"。在"创意生活社区"，创意是孩子们永恒的话题，生活是孩子们最好的教材，家长、老师甚至社会专业人士是孩子们的亲密伙伴和成长导师。这是一个开放的创新学习共同体，是史家用教育理念、教育理想和教育行动精心浇灌的创新教育的试验田。

二、史家"创意生活社区"之推进

在史家教育集团，孩子们踊跃投入"创意生活社区"的学习，在天马行空的体验和探究中，纸、泥巴、布料、木头……这些生活中随处可见的物件统统成了"玩具"，孩子们不仅玩出了乐趣，还玩出了创意，玩出了智慧，玩出了未来。孩子们摇身一变成了"小设计师"，有些孩子的创意甚至变成了商品，很快就要投入生产。孩子们正在用自己的创造力改变着我们的生活。

都说孩子是天生的艺术家，孩子的视角总是独特而奇妙的。史家"创意生活社区"与孩子们初次相遇，以首届"创智汇 MAKER 创意商业挑战赛"的方式呈现。在众多参赛作品中，就有一件由几个 9 岁孩子设计的智能书包。这几个孩子每天背着书包上学放学，他们就在想：准备学具总是丢三落四，空气污染雾霾严重，上学路上不安全……如果书包能解决这些问题就好了。于是，他们决定自己动手设计一款智能书包。几个小家伙组成了一个小组，从发现问题，到验证需求，再到解决问题，孩子们是整个事件的主导，老师和家长则随时为他们提供技术支持和帮助，必要时还会邀请社会专业人士来给孩子们充当智囊团。面对层出不穷的新问题，孩子们需要不断地补充新知识，于是，学习成为一件主动而自然的事情，老师和家长为了能够随时解答孩子们的问题，往往是恶补知识，现学现卖。一个学习和创新的共同体就这样自然而然地生成了。知识不再是束之高阁，而是成为孩子们逾越困难的工具。孩子们在探索和动手中离自己的梦想也越来越近。很快，一款新型的智能书包诞生了，一键报警、反光条保护、空气净化器、电子课表提醒、GPS 定位，五大功能解决了孩子们的所有困扰。虽然 9 岁孩子做出来的智能书包非常粗糙，所谓的 GPS 定位也不过就是拆了块定位手表缝在书包里，但是，这个智能书包却震惊了现场的评委。这些身经百战的商业巨头们被孩子们的奇思妙想折服了。洪泰基金的创始人盛希泰先生在听完孩子们的路演后感叹："为什么孩子们能想得到我们成年人却想不到？"这位投资大佬决定牵头购买这款智能书包的版权，预计在不久的将来，我们就能在市面上买到孩子们自己设计的智能书包。

"MAKER 创意商业挑战赛"不仅是史家教育集团遵循"创意生活社区"的定位和设计思路而打造的活动课程，也是为学生创意实践活动搭建的一个展示平台和评价系统，孩子们可以自发组建"公司"，带着他们的创意商品来挑战。为了帮助学生顺利地组建公司研发产品，学校还开发了一套商业与社会创新课程——《BizWorld 商业世界》。课程通过大量知名企业的真实案例的互动讲解，学习商业中的团队建立、产品设计、营销策略、产品发布等知识，从而引导学生掌握基本的经济学及商业运营规律知识，培养经济学思维。

正如我们在首届"创智汇 MAKER 创意商业挑战赛"闭幕致辞中所说："孩子们，我们不在乎你们研发的新产品有多高科技，有多成熟。我们在乎的是你们是不是充满热情地参与其中并收获快乐；我们在乎的是你们是不是有一双慧眼、有独立的头脑和独特的视角，能够发现生活中问题，并且尽自己最大的努力去改善它；我们在乎的是你们在组建团队的过程中，如何确定目标，如何商讨方向，如何团结协作，如何把你们的想法变成现实；我们在乎的是不管创新的道路上有多少困难坎坷，面对成功，你们是否依然踏实钻研，面对失败，你们是否仍怀有最初的勇气和担当。"

在我们的"创意生活社区"，像智能书包这样的创意小设计还有很多，孩子们为行动不便、家庭贫困的人群设计出了将普通轮椅改造成电动轮椅的可行性方案；为老师设计了"自动送饭机器人"，希望能替老师减轻工作量；为老年人设计了"老人跌倒自动报警器"，帮助他们及时就医；为聋哑人设计了动感手环，帮助他们自信地走上舞台……每一样设计背后都有一个动人的小故事，都体现了孩子们对生活的热爱，对他人的关怀。

三、史家"创意生活社区"之内蕴

史家"创意生活社区"不仅是一种创新教育形态，更是一次教育创新行动。在史家和谐文化的整体建构中，依托"创意生活社区"理念打造的课程群，既充实了史家课程体系的内容，也推进了史家学生素养的培育。

（一）"创意生活社区"课程群是构成史家课程体系的重要部分

课程作为史家和谐文化落地的有效方式，提出"给成长无限可能"的课程理念，构建"无边界"课程（见下图）。"无边界"课程打破了传统教育的方法、方式、方向，带给成长无限可能。

史家的"创意生活社区"课程群并不是一个单独运行的个体，它是史家"无边界"课程的有机组成部分。"创意生活社区"将学生、老师、家长、学校、社会用创新这个纽带牢牢地系在了一起，这既是和谐文化的有效落地，又是对和谐文化的彰显与升华。

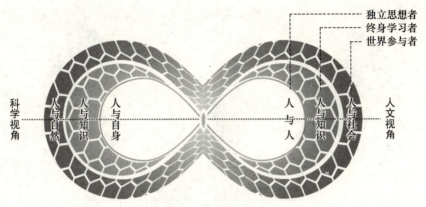

科学视角 人与自然 人与知识 人与自身 人与人 人与知识 人与社会 人文视角

独立思想者
终身学习者
世界参与者

史家无边界课程模型

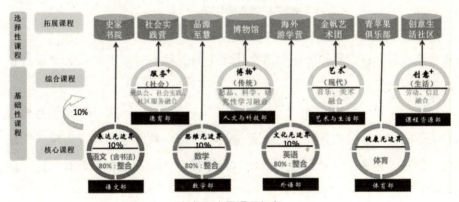

史家无边界课程框架

（二）"创意生活社区"课程群是培育史家学生素养的有效载体

史家从"立德树人"的教育使命出发，从培养学生社会主义核心价值观的思考出发，构建了史家学生素养模型。

"创意生活社区"课程群重点培养史家学生素养模型中的创造意识和表达能力，同时又关注学生"创新与创造力""团队合作""信息素养""社会参与与贡献""沟通与交流"等现代关键素养指标的培养，这些关键素养既是我国核心素养提出的重要根基，也是史家"创意生活社区"的着重培养方向。

在"创意生活社区"，孩子们关注生活中的实际问题，在问题解决中独立思考，持续学习，并和小伙伴一起参与世界性问题的创新方案研究，成长为真正的独立思想者、终身学习者、世界参与者。这三个"者"也是史家小学的育人目标和课程总目标。可以说，史家的"创意生活社区"课程

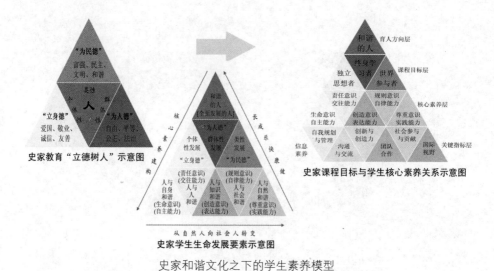

史家和谐文化之下的学生素养模型

直指育人目标，它紧扣史家和谐文化之下的关键素养培养的具有史家特色的创新教育。

课程无界，成长无限。"创意生活社区"的尝试不仅是为孩子们搭建创意的乐园，也是对教育理想的执着与践行，指向教育形态和育人模式的跃变。伴随"创意生活社区"育人实践的不断深入，我们将给教育创造无限可能，更给成长创生无限可能！

观鸟，为孩子打开自然之门

——小学生生态环境教育之观鸟活动反思

路 莹

一、如何选题

首先，我得说一说什么是观鸟。它是指在自然环境中利用望远镜等观测记录设备，在不影响野生鸟类正常生活的前提下观察鸟类的一种科学性质的户外活动。经常有人问我，鸟有什么好看的呢？最初，我也以为平时能看到的鸟只有喜鹊、乌鸦、小麻雀，其实不然，在北京能看到 300 多种鸟，而且它们就藏匿在离我们很近的地方。鸟的颜色漂亮，形态优美，行为有趣，观察它们是很有趣的事情。

接下来，我要说说为什么要选择观鸟活动。

1. 依托学科课程内容

科学学科的课程设置中包括了物质科学、生命科学、地球与宇宙科学、技术与工程学四大块内容。观鸟这个活动属于生命科学领域内容。同时，鸟类是自然界中人类较容易接近的一类野生动物，在生态系统中起着重要作用。

2. 综合实践活动

北京市出台的新课改文件，要求老师整合利用多方资源，引导学生走出教室，开展不低于 10% 的学科实践活动。

3. 科学素养

小学生对大自然充满了好奇心和求知欲，此时正是培养他们认识自然、关爱生命、关注生态的绝佳时机。以"观鸟"活动为切入点，为学生打开通向自然科学的大门，让学生在开阔、真实的自然环境中学习动植物的相关知识，培养学生对于鸟类等野生动物的观察能力，在集体活动中促进学生的身心健康。同时，学生在活动中认识、了解自然生态环境，建立起自己与自然之间的联系，潜移默化中受到教育，成为他们一生的财富。

二、如何做

（一）课程设计

1. 校内课程

如果直接外出观鸟，学生并不认识鸟种，不知道去观察什么，也不知道如何观察，所以我们先在校内利用330课程的时间进行学习，帮助学生构建有关鸟类的知识框架，比如鸟类是如何分类的，它们的形态特征、生活环境、习性是怎样的等等，通过校内课程的学习学生了解了鸟类的知识、观察和记录的方法等。课上要求学生做笔记，通过绘画记录的方式培养学生细致的观察能力和记录能力。

2. 校外实践

这个时候，我们就可以走出学校到户外去观鸟了。我们利用周末的时间到市区内的各大公园开展观鸟活动，常去的有奥林匹克森林公园、颐和园、圆明园、天坛等。由于是户外活动，每次活动前，都要做安全教育，提醒并规范学生的行为，让他们养成安全意识，形成良好的行为习惯。当学生看到鸟的时候，非常兴奋，课上认识的静态鸟类图片变成了动态的、活灵活现的生物，孩子们特别高兴。这个时候要提示他们多观察细节，详细记录下时间、鸟种、生活环境、行为等信息。每次活动要有总结，相互交流都看到了什么鸟种，有什么收获。

3. 博物馆课程

经过一年的实践教学，我发现学生在认识图鉴上静态的鸟和在户外看到的真实动态的鸟之间，存在着一定的认知困难。因为户外看到的鸟有可能是一飞而过，有可能是一直跳动着，鸟躲在树叶之间，并不容易观察。鸟的种类繁多，想要逐一的认识它们是件特别浩大的工程。所以，我设计了博物馆识鸟的教学内容，利用博物馆广博的、真实的标本展品资源去填补课堂教学中的空缺。学生可以在国家动物博物馆的鸟类展厅中近距离观察各个方位的鸟类标本，了解它们的形态特征。通过我设计的学习单学习鸟类分类方式，对比观察认识不同生态类群的鸟的特征。在户外观鸟时，学生们通过这些特征判断它是哪个生态类群的鸟，从而缩小了范围，再通过查找图鉴资料或询问专家老师等方式识别鸟种。比如，看见鸟的足上有蹼，至少能够判断它是游禽。

4. 专题活动

除了日常的学习外，我还设计了专题活动，利用每年的 4 月初的"爱鸟周"活动，宣传普及爱鸟护鸟知识。2015 年，我联系了中国野生动物保护协会以及中国观鸟会两个资源单位，共同开展了我们学校的首届爱鸟周活动，主题为"关注候鸟保护守护绿色家园"。在北京野生动物繁育救护中心的帮助下，我们到汉石桥湿地公园进行了国家二级保护动物鸳鸯的科学放归活动，了解到放归动物要遵循科学的原则，即正确的时间、正确的地点和正确的方法。比如夏候鸟不能在冬季放归，游禽要在有水的地方放归等等。这次活动反响特别好，所以我们想把社团学到的知识分享给更多的同学。除了收集整理学生的活动总结、感受等做成展板展示外，我们还在学校开展相关的主题讲座活动，不仅邀请了领导和专家为孩子们做专业的讲座，还邀请了社团的骨干和来自北航附小的观鸟小达人为孩子们做分享。孩子们之间的沟通可能更具感染力，同学们听得特别认真，收获知识，分享快乐。2018 年的爱鸟周，我们社团与怀柔二小进行手拉手，共同开展了"爱鸟周"主题观鸟活动，在此不一一赘述。

（二）学生反馈

1. 展示与表达类

每次外出活动都要上交活动总结或感受，有小报、文章、绘画、照片，形式不限，甚至是学生根据学习和观察到的鸟类行为编写的小剧，孩子们有他们自己的喜好和情感，这个时候我鼓励他们表达出来真实感受。比如在学到鸟类有巢寄生现象时候他们觉得特别不可思议，也很气愤，就编排了一个捉弄把卵生在别的鸟巢中的大杜鹃。形式不重要，重要的是这个过程中，他们积累、沉淀了一些科学知识，并且也得到了快乐。孩子们的文章出于实践，写的特别真实有趣，多次发表在《学与玩》《科学少年》等杂志上。

2. 课题研究类

丰富的社团活动激发了学生们的学习兴趣，有些学生会自主的提出问题，我鼓励他们形成小课题进行深入研究。比如有的学生对"鹌鹑的孵化过程"感兴趣，她就去饲养鹌鹑并做对比实验、观察记录等。还有的学生用摄像头记录下在自己阳台上做窝的珠颈斑鸠幼鸟离巢的全过程。在辅导学生课题研究的过程中，得到了中科院鸟类专家的指导和帮助。

3. 比赛类

最初接触到观鸟是源于北京市学生科技节的比赛。第一次参加比赛的时候很仓促，几乎是裸赛参加的，3月份拿到通知，4月就比赛，结果可想而知。经过训练，第二年我们就拿到了区一等奖、市二等奖的成绩，第三年我们终于取得市一等奖的好成绩。2018年刚刚结束的区级比赛也顺利晋级，同样是裸赛，我发现几年间孩子们的变化是非常大的，他们不再慌张、没有目标的乱跑，而是在队长的领导下，有目标、有节奏地进行比赛，过程中表现得非常团结，互相帮助。这也是我感到最安慰和开心的事。

（三）家校联合

社团的活动离不开学校和家长的支持，每次活动前要做好计划，递交活动申请，说明具体行程、方案等。同时，要与家长做好沟通，尤其是户外活动，必须确保每个学生外出时有1名家长看护，保证学生安全。活动前要签署相关的安全协议书，明确具体的注意事项，做好意外事件发生的备案。

三、愿景

韦钰院士曾说过："其实人一生中一定有一件事情他做起来最省力，学得最快，你要让他能发现这个，以后一辈子都做这个事，他会幸福有兴趣。"我想观鸟活动仅仅是给学生提供了一种可能，让他们了解自己，一个机会，让他们接触自然。未来想把这些活动反思编写成手册，帮助老师们了解活动过程，能够按照手册组织活动。

小学高年级书法教学中培养学生审美能力的研究

王旭红

一、研究背景

十八届三中全会提出改进美育教学，提高学生审美和人文素养。教育部2013年下发的《中小学书法教育指导纲要》在总述部分明确指出，"书法教育对培养学生的书写能力、审美能力和文化品质具有重要作用"。众所周知，汉字是世界上最古老的文字系统之一，它的结构形式和书写方法中蕴含着巨大的艺术价值。"文则数言乃成其意，书则一字已见其心"（张怀瓘《文字论》），书写者将其独特的性情、法度、韵味融入抽象的线条和结构，欣赏者则可以从中得到不同的审美感受。因此，可以说，书法具有特殊的审美属性，蕴涵着丰富的审美因素和审美资源，它对于加强学生的审美教育具有重要作用。然而，随着信息时代的到来，人们在键盘及多功能的智能产品中渐渐弱化了手写的汉字，小学高年级作业量增加，学生书写速度要求提高，导致学生书写不认真、潦草等现象普遍发生。再有，当下大众审美能力存在一定的缺失。因此，要在书法教学中不断地提升学生发现美、追求美，更好地创造美，势必就要培养学生对书法美的整体感知能力，树立良好的审美理念。

二、研究设计

审美能力是个人所具有的与进行审美活动相关的主观条件和心理能力。近几年，书法教育越来越被重视，笔者在教学实践中对提高学生的审美水平，形成一定的书写审美能力，以及对中国文字的字形、字义的赏析能力进行了深入的研究。众所周知，审美能力并不是某种固定不变的东西，可以结合审美活动加以提高，并且可以在审美活动的过程中不断丰富。小学高年级学生通过经常性的审美活动，可以初步建立关注艺术类知识和信息的意识，学习艺术理论和参与艺术实践（包括自己的创作和对别人艺术成果的观摩），从而有效提高艺术鉴赏能力，增强其审美能力。

闭理书在他的《关于书法审美的一般规律与要求》一文中说："书法艺术欣赏有别于其他艺术欣赏，它要求欣赏者与创作者站在同一起跑线（点）上，沿着笔画跟踪欣赏、品味，实现真正意义的书法的欣赏。要能透过呈现在眼前的笔墨，想到作者的师承关系、学识、修养的深浅程度，以及作者在创作时的心境、艺术追求等等。有了这，欣赏能力才能凌驾作品之上，发现和品到美的东西。"显然，书法的审美有其独特之处。在传统的书法课堂上，我们主要通过书写硬笔、毛笔字边提高书写技艺边提高审美能力。近几年，在不断挖掘书法教学独特性的同时，我通过行动研究，不断创新教学方式，大胆实践、改革，促进了书法课堂教学中提高学生审美能力的实效性。

三、研究成果

黄新春在他的《论书法教学中审美能力的培养》一书中提到："书法艺术是有自己特殊规定性的学科系统。进行书法教学，要按照其系统内部的结构、特点呈阶段性地科学反映书法的整体内容……但是，不管教授什么内容，也不管教育处于哪个阶段或层次，书法教学的整体过程都是一个审美的活动过程，各种审美因素始终贯穿其间，并通过具体的教育发生作用，影响学生的审美意识，丰富审美素养，提高书写的艺术水平。"在书法课堂教学中，我们每每都会学习书写那些美妙的汉字，尤其是书写工具——毛笔的使用，使得每个字的表现力以及书写主体的自由度都大大提高，逐渐形成了笔法、字法、章法等，一整套自己独立的审美准则和规范，处处都渗透着主体的审美体验和意象。下面介绍我在书法课中经常运用提高学生书法审美的实践活动。

（一）引导学生学会欣赏美

陈远、胡雪峰在《审美能力从何而来》一文中谈到："生活中我们可以无穷无尽地享受到美，而审美能力需要从小培养，让学生学会审美欣赏、审美表现和审美创造，促进身心的全面发展。在小学阶段，我们要给学生提供发现美、理解美、宣传美、展示美的机会；通过活动教育渗透美，启迪孩子的心智，让他们在愉快的生活中感受美、表现美、创造美。"有很多学生不了解书法的渊源，不会欣赏体会书法的美感。于是，我就引导学生欣赏古今中外历代名家的经典之作，通过体会不同的书者、不同的创造性，启迪学生的思想，使他们欣赏到书法带来的美好历程。从整幅作品来看，有的讲述历史、有的富含文化、有的抒发个人情感，或者静或者动、或者拙或者巧。从各种书法中，学生就会体会到历史文化，从而使身心更好地发展。

（二）注意手法与其他学科的贯通

俗话说"会看看门道"，"道"含有方法、规律之意。如果只会看笔画写得是否平直匀称，排列是否整齐，自己是否都认得出什么字，而不理解书法美的特点，对眼前的作品没有一定的感受力，是无法进行书法审美的。在书法教学中，合理的运用几何学图形，研究、分析字形的结构，可以帮助学生掌握字的间架。汉字字形可为梯形，可为方形，可为三角形，可为矩形，可为轴对称，可为平行四边形等。怎样布局和安排字的重心，著名书法家和教育家启功先生提出将"黄金分割"研究运用入书法，以及字的结构处理，都是上上之法。汉字中有许多对称结构的字，如林、曾、双、普、空、串、来，这些虽然是轴对称，可是书写中又不是完全对称的。如"双"字是两个"又"字结合而成，组合成一个字的时候，写法会有变化，有避让和穿插，如果试着将两个字写成一样的，产生的字会显得不怎么好看，就像人和人友好相处一样，应该有谦让和相互尊重。

（三）色彩书写法

传统书法为墨汁书写，仅限黑、白、灰，在国画中倒是经常用到其他色彩。吴冠中先生亦在其画字中将色彩运用在书法作品中，形成另一方别致景象。我们在欣赏甲骨文字时，也见到过大量的朱文甲骨。在小学高年级学生对书法产生审美疲劳时，我会把色彩加入书法中，让他们适当自主选择颜色进行书写尝试，修改笔病，提高了他们对书法的兴趣爱好，达到了一种绝好的创造。

（四）字义赏析理解欣赏汉字

我在课堂教学实践中，结合书法课创意表达环节，让学生讲解体会，不同书体汉字的美。在北京师范大学王教授的指导下，我将以前固有的书法课堂上在书写过程中对汉字笔画、间架结构的赏析，增加到对字的字义（即内涵）的审美挖掘。每课一字，边欣赏边挖掘，直至将这种欣赏成为一种赏析习惯。虽然开始学生是被动的，但是，随着欣赏的机会增多，每节课的硬性训练，慢慢地学生的欣赏习惯初步建立起来，品评的词语丰富了，关注度提高了。

总而言之，经过前期的研究与调整，我的书法课堂教学内容更丰富了。学生参与度高、主动性高、自主性增强。他们在课堂教学创意表达环节更自信、更精彩，他们会主动寻找相关资料精心制作 PPT，在书法课堂学习中边讲解、边展示，提高了学生的自信心和参与度。另外，在日常生活中学生们布置的黑板报字体更多样了。学生在区艺术节比赛和第六届"兰亭杯"北京市中小学生书法大赛中多有奖项。

四、问题与讨论

实践证明，各种书法活动，既是书写技能的训练、提高过程，又是锤炼一个人的意志和心境，培育学生浓厚学习意识和良好学习习惯，培养他们高雅的艺术追求和审美水平的最好方式。只要活动有措施，措施落实到位，就可以使学生在自觉或不自觉的学习实践活动中提高他们的审美水平及整体的素质。那么，"普及书法教育，弘扬传统文化"这个目的就一定能够实现。

参考文献

[1] 闭理书 . 关于书法审美的一般规律与要求 . 广西师院学报（哲学社会科学版），2000，21（4）

[2] 黄新春 .《论书法教学中审美能力的培养》. 商洛师范专科学校学报，2000（3）

[3] 陈远，胡雪峰 . 审美能力从何而来 . 人民教育"改进学校美育"专辑，2015（15）

利用多媒体进行情境作文教学的研究

闫春芳

现代教育技术可以通过其媒体的优势，与传统教育媒体相结合，形成一个高功能的教学过程，提高学生的学习兴趣，调动学生的学习积极性，培养学生的创造力，提高教学效率和教学质量，促进教学结构的整体优化。多媒体作为电化教育的重要组成部分，在教学中，尤其是情境作文教学中起着至关重要的作用。

情境教学是依据马克思关于人的活动与环境一致的哲学原理构建的。它利用移情作用，形成身临其境的主观感受，又在加深情感体验中陶冶情操，可以做到主体的能动活动与现实环境优化的统一，激发儿童潜能与培养塑造的统一，使学生感受到生活的气息，感受到群体的氛围，感受到生命的价值，使教学在愉悦、和谐的气氛中实现目标。

以往的语文教学中，作文训练是一个难题，大多数学生都感到有压力，如果单纯地在写作要领上强调，或者用别人写好的东西来示范，只能使学生感到越来越难，反而不会消除畏难情绪，写出来的东西也千篇一律。而利用多媒体进行情境作文教学，则有效地解决了这些问题。利用多媒体进行情境作文教学是培养学生创造力的有效途径，主要表现在以下几方面。

一、敏锐的观察力和独特的视角

研究表明，学生在学习时，是通过多种器官来参与学习、接受各种信息的。美国威斯康辛医院的艾德加德约伊博士研究发现，人的视觉是由大脑控制的。当人们观察周围世界时，大脑皮层之所以处于兴奋状态，是由于来自眼睛的视觉信息在起着作用。人们对基于视频信息的依赖性正在与日俱增。而通过多媒体观察到的视频、音频信息，可以很方便地把声音、颜色、图像组合到一起。这种组合，不是一般的组合，而是经过许多人共同设计创造后，浓缩式的组合。人们可以通过在较轻松的环境和气氛中，愉快自然地获得需要的信息。

二、丰富的想象和较强的表演欲

想象是一种创造性思维。所谓想象，就是对头脑中已有的表象进行加工创造，创造出新的形象的过程。运用多媒体，创设一种生动的教学情景，激发学生的兴趣，能够唤起学生丰富的想象，从而担当他们向往的角色。担当向往的角色，学生情绪特别热烈，仿佛人格也升腾了。他们带着浓厚的情感，带着美丽的憧憬，积极地参与教学活动。通过缩短心理距离，又将远距离陌生的教学内容，敬畏的教育者，借助于人际情境的亲和、相助，一下就让学生感到宽阔的世界仿佛就在身边，就在眼前，从而为学生提供了一个宽阔而又贴近的最适宜的成长环境。学生通过想象，担当了向往的角色，这种角色效应，注重操作，又使学生成为真正的学习的主体，让学生潜在创造性、情感等多方面获得充分发展。利用多媒体进行情境作文来训练想象能力的形式很多，可以是对情节的想象、补充，也可以是对人物的肖像、语言、性格、行为方式和心理活动的合理推想，还可以是对人物命运和故事结局的合理想象。更应注意进行多项思维或逆向思维训练，鼓励学生打破思维定势，不人云亦云，善于提出自己独特的见解。这对于培养学生的创造力，是颇有益处的。在利用《玻璃碎了》这段情境片进行作文教学时，我播放情境片，同学们全神贯注地看着：几位同学正在做值日，有的扫地，有的洒水。这时，小丽同学把椅子擦在桌子上，准备擦玻璃，突然椅子一歪，窗户上的玻璃碎了。到此，我将情境片暂停，然后让同学们根据放映的情节，展开丰富的想象，既想象情节的发展，又想象人物的神态、语言等，再以小队为单位进行充分的讨论，并将想象的内容根据自己所向往的角色排演出来。一段时间后，同学们纷纷走上讲台，惟妙惟肖地表演自己所向往担当的角色和想象出的各种情节。

三、运用创造力解决实际问题

我们在情境作文教学中使用的情境片，大多是本校老师自己制作的，这些片子贴近学生的现实生活，容易引起共鸣。但连续几年搞此实验，片子几乎都已用过，再使用起来，学生便感到没有新鲜感。能不能让学生自己创作情境片呢？让学生们自己创编剧本，自己表演，在作文课上用上这样的情境片，既可以提高学生的兴趣，又充分调动学生的积极性，充分发挥及检验他们的创造性。一次，我从创编剧本开始，让同学们广泛展开讨论，选择题材，最后确定为不久前发生在班里几位同学间的一件事，题目确定为《一件不该发生的事》。写剧本对学生来说比较难，便由老师执笔，同学们你一言、我一语地设计剧情，推敲语言、动作，甚至服装、鞋子也考虑得很周到。确定演员后，同学们更是出谋划策，帮助他们演好角色。而大多数同学作为群众演员，也将人物神态、动作等设计、表演得惟妙惟肖。在用此片进行作文教学的那堂课上，同学们看着自己编排、演出的片子，兴奋极了，不言而喻，那堂课的教学效果也好极了。

利用多媒体进行情境作文教学的实验表明，情境片所创设的情境运用于作文教学中，能够培养并不断提高学生的创造力，它是培养创造力的一条良好途径。

我的几点体会：

第一，创新教育与传统教育相比有鲜明的特点，创新教育更加注重启发诱导，充分调动学生主动学习精神；创设启发诱导的情境，引导学生主动探索，使学习成为真正意义上的个体内在需要和追求，成为学习主体表现自我的自由方式；创新教育使学习个性得以充分发展，也注重每个学生身心、个性和才能的尽可能发展，尤其是在培养创造意识、创造思维、创造能力方面更为突出。创新教育是素质教育的重要方面，是核心，是素质教育的一种整体优化模式。利用多媒体进行情境作文教育的模式，正符合了创新教育的特点，是素质教育的良好体现。

第二，法国生理学家、诺贝尔奖获得者贝尔纳曾经说过："创造力是没法教的，所谓的创造力教学，指的是学生要真正有被鼓励展开并发表他们看法的机会，如此才能发展他们富于创造力的才能。"我们在情境作文教学中，积极为学生营造一种生动活泼、宽松自由的氛围，鼓励学生自由探索、自主学习。

第三，情境作文教学对于学生观察力、创造力、想象力及兴趣等的培养具有十分积极的意义，从教师平时的教学以及各种检测结果完全可以证明这一点。可我们在进行情境作文教学实验的过程中，也发现了一些不完善的地方，亟待在以后的教学工作中进一步摸索、改进。问题主要表现在以下几方面。

首先是语法问题。学生在情境作文课上学会了写作方法，学会了选材，文章中也能够加以运用，可遗憾的是，文中语法问题较为严重，不通顺语句使本来较好的文章减色不少。例如，"我国人口是世界上人口最多的国家""九寨沟的春天是个美丽的地方""他用两只有力的双手紧紧地握住方向盘"。如何才能在情境作文教学中解决这一问题呢？我们将努力探讨。

其次是错别字问题。错别字问题一直是作文中的老大难问题，例如"到""道"不分，"尊""遵"不分，"坐""座"不分……情境作文教学实验也没能解决这一问题。怎样才能在教学中解决这一难题？我们将在今后努力寻求解决这一问题的方法。

再次是审题问题。我在批改学生作文时遇到几次这样的情况：学生文笔流畅，描写生动具体，选材新颖，可是很遗憾，作文跑题了。例如，习作要求写一个自己熟悉的人，而学生却写了一位偶遇的磨刀老爷爷的事；习作要求写一件事，而学生写了两三件事……这些原因则都是学生没有审清题目要求。

以上几点体会，是我在利用多媒体进行情境作文教学实验中所感受到的，在今后的教学中，我会继续探索，不断完善，争取有更大的突破。

利用多媒体进行情境作文的课堂模式的研究实验结果

班次	考察时间	N	X	S	Z	实验结论
实验班	1998.7	42	31.81	5.06	0.46	P > 0.01
对比班	1998.7	34	31.32	4.15		差异不显著
实验班	1999.7	42	31.63	4.94	2.41	P < 0.05
对比班	1999.7	38	29.03	4.72		差异显著

创造才能测试结果

创造力	91～100	81～90	71～80	41～70	21～40	0～20
等级	非凡	优良	良好	普通	薄弱	毫无创造力
实验班			4	30	7	
对比班				19	15	5

注：本测试是依据美国心理学家尤金·劳德塞的"创造才能测试"，在本实验结题前，对实验班和对比班进行测试的。

学而时习之，不亦乐乎

——小学综合实践活动校本课程"史家传媒"的开发与实施

王　静

一、探索源起

《论语》"学而时习之，不亦乐乎？"的注解，很多时候被解释成"学习并经常温习，不是很快乐的事吗？"而我更倾向于杨伯峻在《论语译注》中的解释："学了，然后按一定的时间去实习它，不也高兴吗？"若说"温习""温故而知新"中早已有论述了。而从学到习正是一个从理论到实践的过程，在这个过程中，则会获得一种快乐的体验。这一点对于教育尤其是小学教育而言意义重大。

正像郑委老师所说："影响孩子爱不爱学习的因素有三：是否建立了正确的学习认知、是否有浓厚的兴趣、是否具备学习动机（学习目标）。学习认知、学习兴趣和学习动机都不能靠'讲道理'来传授给孩子，生活是最好的老师，家长只要在'习'上做足工夫，孩子自然就会好好学习。"家庭教育如此，学校教育也如此。所以，我们要探索的是怎样让学生"习"。其中非常重要的途径就是综合实践活动。正像钟启泉老师所说的，"综合实践活动是学科课程所排除了的现代社会以及人类与人生的切实问题作为课程内容的，它为学生提供了一种学习经验的基本框架"。

传媒作为我们生活中不可或缺的产业，学生每天置身于传媒的方方面面之中，耳濡目染，既熟悉又好奇。在小学阶段通过引导学生体验传媒工作，不仅对于培养学生听说读写的语文能力、提高写作兴趣有积极意义，对于学生综合素质、综合能力的培养与发展也具有重要意义，而且可以让学生学会体验生活、观察生活，学会用自己的视角去评判社会和国计民生，对于培养学生的道德情操和社会责任感也具有不可忽视的作用，并很可能为学生将来整个的职业发展播下成长的种子，奠定坚实的基础。

通过前期的调查问卷，我们了解到学生对于传媒充满了兴趣，有着亲自实践的强烈渴望和积极性。虽然 42.9%（见下图）的学生认为自己知道什么是传媒，但对于传媒的了解仅限于报纸、电视，不了解传媒的真正意义。更多的孩子希望能够通过史家传媒课程的实施来了解传媒。而几乎所有家长都希望孩子成为史家传媒的一员。

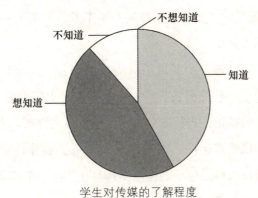

学生对传媒的了解程度

二、实践历程

1. 思路与规划

针对小学生的心理特征，我们总体的实施思路是：行——知——行。我们从学生已有的生活经验出发，从感性认知经验开始，以简便易行的传媒实践为第一课，更好地激发学生的学习兴趣，在此基础上吸收学习传媒知识，从而进一步提升自己的实践能力。每一阶段都不是结束，而是新的开始，实现螺旋式上升。

我们从传媒的采访、编辑（文字的）为切入点，以播音、主持、动画、摄影、摄像、电影等为延伸开发，扩大传媒信息，分年段进行教学设计的研究和实施。

2. 适合学生特点的课程为基础

我们普及传媒知识，开设新闻采编、动漫基础知识教程。在新闻采编课后，组织学生设计小报。学生有意识地运用自己在课上学习的采编知识，采访了自己身边的人，进行实地演练，做出了自己的第一份传媒报。

我们根据学生的心理和年龄特点，开设了动画基础课。学生通过学习，可以简单赏析动画，并根据自己的兴趣，设计简单动画。

我们开设播音主持课。老师们对学生的发音、仪态、心理素质等方面进行了有针对性的指导，学生们不仅乐于站在台前展示自己的风采，更有了一定的技巧，可以有准备地把话说圆满。还邀请著名主持人小鹿姐姐、多来咪哥哥等为学生们讲授主持的基本技巧，他们明白了"什么是传媒""什么是新闻""新闻的要素""主持人的基本素质"等，明白了"作为一名新闻人，应该先学会做人"。

在此基础上，我们进一步开设了双语报道课程，大家从"双语介绍我校园"开始，选取了学校的科技长廊、史家书院、史家画苑、青苹果之家、墨艺轩等有代表性的场馆，进行既有条理又有重点的介绍。

我们还开设了摄像基础课、剧本创编和微电影创作课。学生综合运用传媒知识，以一部反映校园生活的微电影作品作为自己的毕业献礼。

3. 丰富多彩的实践活动为延伸

结合课程，我们还积极利用校内外资源，开展丰富多彩的实践活动，激发学生们的兴趣，培养其能力。"神八"发射成功，四年级 5 班的全体同学和亲临"神八"发射现场的老师和两位同学进行了现场采访，即兴模拟进行新闻播报。我们组织学生参加第六届国际大学生动漫节，参观人民日报社，到北京电视台录制节目，学生们了解了报纸的制作过程、节目的录制流程。我们邀请苏叔阳老师做报告，进行现场采访，苏老说："你们真是幸福，从小就会利用当代最新的传媒表达你们的情感和学养，你们的前头永远阳光灿烂。"正是这些丰富多彩的活动，使学生在专业、国际化的传媒氛围中得到了熏陶与感染，一颗颗具有传媒意识的种子也深深扎根在了同学们的心中。

4. 百花齐放的系列大赛为拓展

为了激发学生对传媒的认识与了解，实践课程中所学到的知识，我们举办"史家传媒"系列大赛。学生们在感知新闻采编与动画制作的基础上强化基本技能，进行了新闻采编报设计大赛、四格漫画创想大赛、手翻书奇想大赛、定格动画创意大赛。他们通过智慧的大脑，美好的心灵，敏锐的眼睛，灵巧的双手，绘画、制作出心目中完美的作品。在主持和摄影课基础上，我们举行了"健康漫画我来画""健康故事我来编""校园生活我来拍""小小主持我来做"四项比赛，共有 160 位同学获奖。结合摄像及双语的课程，进行了"校园生活我报道""DV 在手我来拍""双语介绍我校园""电子小报我设计"四项比赛，涌现出了 300 多张优秀的电子小报。孩子们的报道还在学校电视台进行了展播，大家用手中的 DV 记录了学校丰富多彩的生活，各班的小英语记者的风采赢得了阵阵掌声。

5. 普及培养与拔尖培养相结合

与课程进展相结合，开设史家传媒兴趣小组，对喜爱传媒的学生进行深层次指导。同时，我们还在各班学生自愿报名的基础上选拔出摄像、摄影、中文主持、英文主持方面有特长的同学进行集中培训，邀请专家给他们做细致指导，并在活动中让他们担当起小小摄影师、小小摄像师、小小主持人的角色，使他们在发展兴趣的同时提高技能。也许今天的小摄影师就是明天的摄影家。

三、探索与思考

在小学综合实践活动校本课程史家传媒近两年的实施过程中，学生的成长让我们惊喜。最重要的是，每一个孩子都可以找到自己的位置、自己的兴趣点，挖掘出自己的潜力。学生获得了自信、收获了成果，兴趣更加浓厚，学习更加积极。这是以往传统课程所无法实现的。汪倩同学写道："做四年级的同学很幸福，因为学校只在四年级开办了'史家传媒'的校本课程。"学生上传媒课后，收获颇多。学生们收获了知识，刘咏涵说："我喜欢传媒课，是它把我带进了一个新的世界，是它让我学到了更多知识，是它给我带来了更多的快乐。"收获了素养，刘家颐上了采编课后，体会到"记者的辛苦，所以我们要尊重记者""我们要珍惜制作动画者的劳动成果，捕捉动画的每个瞬间"。甚至启蒙了理想，孙逸飞感慨道："我以后要当传媒人！我以后一定要当传媒人！并且这个念头越来越强烈。"孩子们边学习边实践，体会到了学习的真正快乐。正像肖霄所写到的："我按照老师教的方法一步一步地拍摄，最后一看效果，我特别满意，心里也特别开心。传媒课让我慢慢地喜欢上了动漫和漫画。"

　　"学而时习之，不亦乐乎？"在史家传媒的探索与实践中，正在实践与验证着孔子的思想。在丰富的课程中，孩子们充分展示了自己的才华，并在生活中学以致用，课内外的有效结合，使孩子们不仅获取了知识，更提升了能力。在快乐中学习，在学习中成长。

参考文献

［1］郑委. 爱学习会学习能学习. 北京：北京大学出版社，2012

［2］钟启泉. 综合实践活动的设计与实施. 教育发展研究，2007（3）

关于一对一数字化学习开展生命教育的研究实践

——以《画古树》一课为例

苏浩男

一、教学实例——《画古树》

（一）教学流程

1. 游戏导入，直面古树

在古树旁，老师运用 iPad 与学生进行猜树龄的游戏。在创设问题情境过程中，"古树标牌告诉你什么信息？""红色、绿色标牌的古树有什么不同？"等问题使学生自主的探究与发现，激发学习的兴趣，对古树文化内涵产生了兴趣，形成热情投入学习。

2. 自主探究，发掘规律

在猜树龄的过程中，学生对古树产生了浓厚兴趣。但是，古树的形态特征是怎样的？带着这些疑问，老师引领学生对古树进行观察和触摸来寻找答案。

老师和同学们用 iPad 一起观察古树的结构，"古树树干与成年树树干的有什么区别？"通过黄色标示线动画，同学们的思考使初步的感性认识上升为理性认知。"古树树皮摸上去是什么样的？"在学生零距离的观察和触摸古树之后，并通过树瘤的相关科学知识，使学生多感官理解树皮特点。"古树的树根给你带来什么感觉？"教师通过迁移的肢体语言，使学生更加形象地理解树根的相态特征。最后老师请学生一起归纳古树特征，巩固知识，为艺术表现打基础，以填空的形式在 iPad 屏幕上触控完成板书。

在了解古树整体特征上，学生运用 iPad 将校园内的柏树的树皮与松树的树皮拍照对比，找出松皮与柏皮的特点，并借助唐代诗人王维在《山水论》中的描写"松皮如鳞，柏皮缠身"，使学生形象地掌握松树皮与柏树皮各自的特点。在此基础上老师展示两张其他古树的照片，请同学回答这两棵古树的树皮特点，适合用什么样的线条来表现，并尝试站在黑板前给大家讲解和示范用不同线条画树纹的方法，使学生了解线条的造型语言，并感受古树与传统文化的魅力。

创设老师画松针出现问题的情境，通过学生与老师的交互讨论，学生掌握线条的取舍和疏密关系，检测学生学习效果。

3. 教师示范，启发引导

教师演示用线的方式临摹戒台寺卧龙松，边演示边总结，提示构图和线条的特点，并回顾之前所学知识，学习用不同的线来进行表现，分解难点。

4. 艺术实践，展示评价

学生参照古树的图片，用线描的方法画一棵特点突出的古树。学生在自主选择的宽松环境中，饶有兴致地开始了创作活动。

组织学生利用 iPad 的互动功能，将自己的作品拍照。结合古树特点、用线方法，自评、互评作品，说一说欣赏其他同学作品的原因和自己作品的成功之处。

5. 拓展延伸

利用网络搜索四季中古树的图片，感悟古树是自然文化遗产中不可缺少的组成部分，增强古树保护意识。

（二）教学反思

1. 触控中激发学习愿望

平板电脑与传统电脑最大的不同是"自主探究性"。在导入教学中充分利用平板电脑这一性能，使学生自主的探究与发现，自然教师与学生间的传统授受关系发生转变。学生的学习变被动为主动，自发地与老师进行交流互动，让学生在"玩"课件的过程中对古树文化内涵产生了的兴趣，形成热情投入学习。

2. 软件资源实现认知与规则同步

学生根据 iPad 软件可以自己设计认知古树的学习过程，学习过程中产生了很多巧妙的生成性资源，使初步的感性认识上升为理性认知。

iPad 丰富的多媒体手段使得视觉的、听觉的、动觉的学习融入课堂教学，通过不同感官的刺激，教学内容更易于传输给学生，也更能使学生形象地掌握松树皮与柏树皮各自的特点。

3. 同步评价，展现自我，分享交流

iPad 的互动功能使教师的课堂演示、任务布置以及学生间的交流都能够实时到达，方便组织学生结合古树特点、用线方法，自评、互评作品。同时也改变了美术课上教师的评价方法，在评价过程中使学生更加高效地对本课的重点、难点进行记忆，同时锻炼学生运用自己的语言大胆地进行评价和自我认知。

4. 网络搜索，拓展延伸

利用 iPad 进行网络搜索，获取各种学习资料，拓展课堂知识的广度、内容的深度，也锻炼了他们信息处理的能力。感悟古树是自然文化遗产中不可缺少的组成部分，增强古树保护意识。并且把保护古树意识及环保意识与个人、他人的生命质量结合起来，对学生的生命价值观产生影响和作用，有效地提高学生对生命意义的理解和对自己、他人生命的热爱。

二、总结与期望

（一）总结

iPad 作为一种高效的信息技术载体进入课堂中，对原有的教学模式产生了巨大的变革。构建"一对一"数字化课堂教学环境，使学生能够突破时间和空间的限制，能够比较彻底地分解知识技能信息的复杂度，减少抽象信息在大脑中转为形象信息的转换过程，充分传达教师的教学意图，使得教学过程中的难点和重点问题化难为易、化繁为简。并且"一对一"数字化学习方式是以学生为中心的教学结构，很大程度上允许学生根据自己的兴趣爱好、学习能力和学习进度自行安排和选择相应的学习活动，根本上改变了教师和学生的授受关系，提高了学生思考与解决问题的能力。

小学生命教育课程的形式编排过于单一化，更多的只是对生命知识的关注，而没有对生命教育的本身展开。从内容上看更多也是老师讲授、学生聆听的灌输形式。这需要走出课堂，让学生的实践性学习真正成为一种生命活动。更要充分利用信息化资源，从而适应小学生的身心发展特点，提升生命价值观的正确认识。

（二）期望

目前，数字化教学已经成为中国新一轮基础教育课程改革和教学改革的重要突破渠道，随着网络技术的不断成熟和发展，"数字化教学"已成为教育改革的主要途径。iPad 移动媒体的介入势必会引起小学课程的改革，无论从形式上、内容上，还是教育教学效果上。基于 iPad 移动媒体设计教学环节已开始在小学教学中得到应用，它为教育从事者和广大一线教师提供了一次全新的自我挑战机会，也为幼儿能力的发展提供了一次良好的契机。从设计到实施再到后期的反思总结，我们意识到，要想将这种"一对一"数字化课堂教学推广普及还需要解决很多的难题，例如如何让家长更容易理解与接受、软件的再研制开发等等，都需要我们在今后的探索和实践道路上继续努力。

参考文献

［1］沈小俊. 小学 iPad 课堂教学实践研究. 华中师范大学，2015

［2］贾新超. iPad 进入小学课堂及其管理研究. 中央民族大学，2015

［3］李小春. iPad 教学观摩课引起的思考. 中国现代教育装备，2012（12）

［4］陈海军. 叩问生命的意义——小学生命教育的现状及问题研究. 课程教育研究，2012（20）

［5］林文峰. 基于 iPad 教学环境建设的研究与实现. 基础教育论坛，2013（18）

［6］陈翠珠. iPad 及其教学应用探析. 中国人工智能学会计算机辅助教育专业委员会. 计算机与教育：新技术、新媒体的教育应用与实践创新——全国计算机辅助教育学会第十五届学术年会论文集. 中国人工智能学会计算机辅助教育专业委员会，2012

［7］肖川，陈黎明. 生命教育：内涵与旨趣. 湖南师范大学教育科学学报，2013（4）

［8］张美云. 生命教育的理论与实践探究. 华东师范大学，2006

［9］曾佑来. 小学生命教育课程开发研究. 辽宁师范大学，2014

［10］孙彬. 小学生命教育的现状与对策研究. 辽宁师范大学，2010

课程大变脸，玩在科技馆

——数学学科实践活动课程成果

周　霞　吴　斯

一、研究背景

时代的发展、科技的进步、教育的变革，让中小学学科教学乃至整个基础教育焕发革故鼎新的勃勃生机。现在各界关注的"供给侧"改革的问题，也是我们作为教育工作者值得思考的重要话题。那么，我们如何探索教育供给侧的改革，提高供给端的质量和创新性，使其更好地满足学生个性发展的需求呢？教育部在《关于开展"科技馆活动进校园"工作的通知》中明确表示要将科技馆资源与学校教育，特别是科学课程、综合实践活动、研究性学习的实施结合起来，促进校外科技活动与学校科学教育有效衔接。在东城区教师研修中心数学教研员的引领下，我们将目光投向了中国科技馆，携手中国科技馆，组织我校教师，开展了场馆课教学的探索与实践，为学有余力的学生提供更大的成长空间。我们组织教师将教学场所拓展到场馆，努力探索一种新的基于场馆学习的课程模式，将更广泛的课内外资源进行环向畅通。学生在开放的场馆环境中快乐的探究、愉快的体验，在数学学科知识与场馆科普资源的多点对接中，师生相伴进行综合实践，增加个性化思考，促进多样化发展。

二、基于科技馆开展学校教育课程设计

学校教师到中国科技馆进行前期的调研，通过听介绍、看展品、查资料等方式了解中国科技馆各个展区。教师通过访谈咨询的方式，了解学生对科技馆的兴趣和关注，了解学生眼中自主探究的方式与方法。在现场考察和访谈调研的基础上，教师梳理了小学数学教材中与科技馆展品的对接

点，选取了与教学内容紧密联系、适合学生学龄及认知特点的展品作为课程内容。在内容选定的基础上，学校开展了循序渐进的实践研究，包括课程开发——跨学段评议——尝试课程实施——学生试用——教师和学生调研——改进课程几个过程。课程在更加关注学生学习兴趣、重视探究与体验过程的修改调整中得到进一步完善。

实践以来，我们经历了以下四个阶段的探索与实践。

第一阶段，开展了"课程大变脸，玩在科技馆"的数学学科实践活动。我们依托中国科技馆的优势，穿越教材边界，打通课内外壁垒，将数学课堂搬到科技馆。

第二阶段，进行了"双学科＋场馆"的课程开发。我们在开展数学课程与科技馆资源相融合的基础上，又尝试"学科联动，双师同堂"。教学方式的变革，给10%的学科实践活动打造了一个新的落脚点（见下表）。

课程资源

年级	活动主题	学科	科技馆资源	科技馆活动形式
一年级	多变的七巧板	数学、美术	一层"华夏之光"展厅"体验空间"展区"七巧板"展品	一年级的活动主题为"多变的七巧板"，融合了语文、美术学科，学生根据在语文课上或课外阅读过的寓言、成语故事，合理地进行了构思，设计出由多幅七巧板组成的形象生动的图案，激发学生的创造热情，把数学、美学、语文紧密地联系起来
二年级	运筹帷幄说算筹	数学、语文	一层"华夏之光"展厅"体验空间"展区"算筹"展品	二年级的"运筹帷幄说算筹"融合了语文学科，介绍了"运筹帷幄"这个成语故事，不仅使学生了解我国古代用算筹记数的方法，还了解数学文化，感受我国古代数学的成就
三年级	轴对称图形	数学、美术	二层B厅"数学之魅"展区"巧妙构图"展品	三年级的"轴对称图形"将数学与美术学科结合，科技馆学习中增加了艺术元素，在对称中感受图形的对称美

续表

年级	活动主题	学科	科技馆资源	科技馆活动形式
四年级	对抗 24 点游戏	数学、品德与社会	二层 B 厅"数学之魅"展区"对抗 24 点"展品	四年级的"对抗 24 点游戏"，与品德与社会学科进行整合，在对抗游戏中培养学生的团队合作意识与能力
五年级	神奇的莫比乌斯带	数学、语文	二层 B 厅"数学之魅"展区的"神奇的莫比乌斯带"展品	五年级的"神奇的莫比乌斯带"，让学生经历动手操作、主动探索，与语文成语接龙游戏结合体会"莫比乌斯带"的神奇之处，感受数学的无穷魅力，拓展视野，培养学生的探索精神
六年级	完美脸型	数学、美术	二层 B 厅"数学之魅"展区"完美脸型"展品	六年级的"完美脸型"将数学与生活结合，以小组形式借助场馆设备去探索实验，感受数学与美的关系

第三阶段，开发了"打破学科立场，为学生的成长创造无限可能"的"数学+"课程，即"数学+场馆+多学科"，使课程更加综合、立体、丰富、多元！

第四阶段，随着对场馆资源的深度开发，我们在完善课程的同时，研发和录制了供家长使用的"微课程"，把科技馆课程与我们的周末研学课程相结合，让课程"跨"出校园。

三、基于科技馆开展学校科技教育课程——《揭开完美脸型的神秘面纱》

《揭开完美脸型的神秘面纱》一课源自人教版数学五年级下册第五单元"图形的运动"和六年级上册第四单元"比"。学生具备图形变换、对称图形、轴对称图形、比例相关知识。基于学生已有知识经验，教师提出"完美脸型"这一研究话题，引导学生进行探究，从数学的角度体会美、理解美、分析美，并逐步感悟到虽然"三庭五眼"的比例是最完美的，但美的评判角度还有很多，如情感因素、内在美等。"数学之魅"展区是课堂教学和学生思考与想象之外的有力补充。展品中学生可以亲自验证，直观体会对称的脸型并不完美，进而直观感知符合"三庭五眼"比例的脸型才是最完美脸型。这无疑为学生猜想提供了进一步验证和深化的机会，有助于学生理解对称美和比例美。以下是《揭开完美脸型的神秘面纱》一课的组织实施过程。

（一）课前准备

学校从"以教为本"转换到"以学为本"，教师课前了解孩子们对概念的困惑，有针对性地引导他们对课内所要学习的知识产生疑问和探索的兴趣。在《揭开完美脸型的神秘面纱》一课中，学生认为"对称"的就一定是美的，所以当教师和学生讨论美的话题，抛出"你认为什么样的人长的美，什么样的脸型是完美脸型"这个问题时，大部分学生脱口而出"对称的脸长得最美"这一猜想，只有个别学生猜想可能和"黄金比"或者"某种比例"有关。但是真实的情况到底是怎样的呢？接下来教师和学生一起带着这个猜想走进科技馆中去探究。

（二）场馆实施

在科技馆中，师生要采用探究式教学模式。教师将学生分为 4~5 人为一组，小组中一人为测试者，其余为协助测试，并进行记录。学生带着之前在课堂中的猜想分小组在设备上进行验证。在中国科技馆二层 B 厅"数学之魅"展区的"完美脸型"这一展品可以通过先进的技术，将测试者的脸型进行拍照，并进行翻转，形成左对称的脸型和右对称的脸型，使学生能直接观察出对称后的脸型是否美观。展品的另一功能便是让参观者在操作实验后，对自己的原始脸型、左对称脸型和右对称脸型的效果图进行评选，选出你认为最美的脸型，并计入设备的数据库中。借助设备中存储的大数据，我们可以了解到众多测试者的想法，从而进一步佐证结论。通过操作科技馆的专业设备，学生不难发现"左右对称的脸最完美"这一猜想是错误的。设备还为我们提供了一张电脑制作的标准完美脸型，通过测量这张脸型的比例、场馆中讲解员的讲解，学生得出"三庭五眼"的完美脸型标准。

（三）课堂探究

带着从科技馆中得到的探索结果，回到课堂中，教师又设计了几个实践活动，学生进一步验证和探索。

首先，实验验证完美脸型。教师出示一张完美脸型的图片，学生在学习单上动手测量，总结完美脸型的标准。例如，脸长 9cm，额头到眉头 3cm，眉头到鼻尖 3cm，鼻尖到下巴 3cm，各部分约占脸长的 1/3；脸宽 7.5cm，眼睛长度 1.5cm，占脸宽度的 1/5；眉头、内眼角和鼻翼三点在一条直线上。接下来，学生出示自己的证件照，利用发现的规律去验证自己的脸型是否符合完美脸型的标准。在验证的过程中学生分小组讨论与交流：自己的脸型是否完美，可以怎样修饰，达到巩固并灵活应用"比例"这一知识点的目的。

其次，情感教育是不可缺失的目标。课前教师要求学生找到自己心目中最美的脸的照片，并带到课堂中。很多学生带来的照片是自己的母亲或者老师。学生利用发现的标准去验证这些照片，结果大多是不符合完美脸型标准的，但教师追问"现在你还认为他美吗？为什么？"引领学生体会"美"不光是体现在外在的标准，还体现在我们的情感和内在。

最后，出示"最美妈妈"的事例，使学生感悟人性的光辉与美，体会我们要追求的不仅仅是外表上的美，更要追求内在的美。通过这种探究式的学习模式，学生经历了猜想、调查、验证等过程，将知识与实际结合起来。

（四）学习评价

场馆课程的评价主要从知识、能力和情感态度三个维度展开评价。下表展示了六年级《揭开完美脸型的神秘面纱》一课的评价内容。

四、总结与展望

（一）让学生在玩的过程中打开眼界，形成新的学习路径

我们一直思考在国家基础课程当中如何来落实 10% 的学科综合实践活动。我们将教材内容与科技馆资源相结合，穿越教材边界，打通课内外壁垒，利用场馆资源拓宽数学学习的空间，让学生在玩的过程中打开眼界，形成新的学习路径。

场馆课程评价表

评价要素	评价标准	分值	得分	总分
了解人脸对称现象，认识轴对称图形的一些基本特征。通过实际观察、猜想、亲自验证、上手操作，掌握判断人面部的比例特点	观察研究了解人脸对称现象，认识轴对称图形的一些基本特征。了解完全对称的脸型是不完美的	2		
	通过操作、实践等方法，验证"三庭五眼"的完美标准。掌握判断人面部完美的比例特点	4		
在认识、了解人脸的过程中，感受到美的深层含义，培养积极健康的审美情趣	认识、接纳自己的不完美，通过比例的知识，提出改进的方案	2		
	了解对称图形就是用美术的方法表现这种数学关系。感受人们对美的评价并不局限于"三庭五眼"的外在标准，更多还存在于情感因素和对内在美的认同，培养积极健康的审美情趣	2		

（二）利用新媒体拓展参观者的学习方式

由于场馆学习具有自主学习的特点，学习者在被给予学习任务和学习目标的前提下，可以自主地在环境中进行探究学习。未来，我们可以利用"移动应用"和"社交媒体"颠覆传统的场馆参观模式，无论参观者使用自带设备还是科技馆所提供的移动设备，无论他们身处何处，移动应用都让人们获得置身现场的感觉。利用移动设备和开发移动应用程序来拓展参观者的学习方式，移动设备在场馆学习中的应用也突破了地理位置的限定。

1. APP：梗概信息＋链接

科技馆、博物馆等多类场馆的展板文字信息总是很多，而大多数参观者特别是青少年观众一般没有足够的耐心阅读完整。为此，可以通过扫描二维码向观众提供简要的展品信息与展品图片。而且，展板所能展示的内容毕竟有限，我们可以直接在 APP 上提供相关链接让学生拓展阅读。

2. 互动：学习单＋情景体验

通过实践，我们发现原有的纸质学习单存在不易保存和不便携带两大缺点。未来，我们可以通过移动客户端提供相关的开放内容的学习单，这样学生既可以根据学习单进行有目的的探索，而不会只是把科技馆作为一个高级的"游乐场",又便于携带、易于保存。此外,我们还可以设计相应竞赛,在小组成员的客户端上呈现出不同的任务,成员之间需要相互配合完成所有学习活动。国内外有很多这种类似的基于竞赛机制的活动,这类活动通常被称为"寻宝活动"。这种基于移动设备开展的拓展活动,可以很好地把场馆学习下的交流互动与团队协作结合在一起,弥补移动设备总是在社会维度表现不良的缺点。

3. 拓展:"众包" + 自定义展览

应用程序还可以让学生在展馆里面拍照上传照片并写下自己的学习体会,分享到科技馆官方网络账号或者微信公众号上,促进学生之间学习经验的交流和分享。同时,还可以在线举办相关的话题讨论活动和竞赛,让学生积极参与,保持学习的连贯性。

结合园艺心理课程探索语文综合性学习

——以园艺心理课《下一段旅程》为例

李　洋

新课标明确指出，综合性学习主要体现为：语文知识的综合运用、听说读写能力的整体发展、语文课程与其他课程的沟通、书本学习与生活实践的紧密结合。园艺心理课程则恰好在实践层面对语文课堂进行了补足。而语文本身的工具性又能帮助园艺心理实践中的学习者更好地交流与分享他们的学习体验与收获。本文将结合一节园艺心理课《下一段旅程》，从以下几个方面阐述结合园艺心理进行的语文综合性学习。

一、立足实际贴近生活

语文综合性学习应贴近生活，结合生活中的真问题开展学习活动。在提高学生语文素养的同时，更进一步地认识自然与社会，提高在自然与社会以及与他人沟通互动中的应对能力，培养学生积极健康的心态。园艺心理则恰好通过植物栽培过程，带学生走近真实的生活，围绕植物种植所引发的各种问题进行学习。

例如《下一段旅程》一课的设计其实源于学生种植多肉等植物过程中遇到的真实问题。同学们在种植自己认领的小植物过程中，我鼓励学生对自己种植的植物进行认真观察，并且结合本学期所学，为植物记录观察日记。对于低年级学生而言，这一过程让他们兴趣盎然。然而一段时间以后，很多孩子纷纷表示多肉等植物死去了，他们在日记中记录了自己的沮丧和自责。有些同学甚至表示不愿意再种植任何植物。为此，笔者进行了如下教学设计。

课堂实录如下。

1. 小明的故事：分享一篇日记

小明：看到植物枯萎了，我很难过。不过今天和大家一起交流，我知道了很多同学都遇到了和我一样的情况，我感觉不那么难过了。你也试试吧！

生生交流种植过程中的情绪。

设计意图：让学生体会语言交流能够缓解负面情绪。

2. 介绍种植规律

师：看到这么多同学都能敞开心扉，老师也感觉好多了。

无论是多肉，还是网纹草、吊篮，其实都有很高的种植难度，需要我们运用得当的养护方法，在适宜的气候中才能成功。对于二年级的小朋友而言，没有种好没有关系。

这一次的经验，其实就是下一次成功的开始。我们可以再次尝试，或者种植其他更适合在冬季成活的植物。

3. 书面语言表达情绪

师：植物都有自己的生长周期，都会遵循自然规律。如果真的要对小植物说再见，你想说一句什么话呢？或者你有怎样的感受想记录呢？请你把它写在小苹果上。写好了贴在黑板上的大树上。

生生交流、贴小苹果。

设计意图：试着用语言去表达自己的悲伤。

对于低年级学生而言，他们对自己情绪的认识非常有限，容易出现情绪行动化的情况。例如面对愤怒，他们可能会暴跳如雷甚至伤害他人；面对悲伤，他们可能会无法自拔甚至自我否定。本课通过多种方式帮助学生认识情绪的多样性，使其面对情绪学会用语言化的方式表达。鼓励学生通过口头和书面等多种方式表达自己的情绪，并与同学进行分享，利用集体

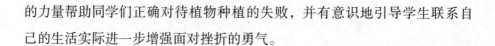

的力量帮助同学们正确对待植物种植的失败，并有意识地引导学生联系自己的生活实际进一步增强面对挫折的勇气。

二、尊重学生的参与及体验

综合性学习应突出学生的自主性，重视学生主动积极地参与。园艺心理则最大限度地满足了学生的参与热情，注重学生实践的过程及体验的分享，为学生语言表达创设真实情境。走进园艺教室，温暖的泥土和可爱的植物像是一扇敞开的友善大门，学生们可以自由亲近和体验。

园艺心理课堂注重让每个学生体验到"与我有关"。例如在教学中，通过让学生与植物宝宝打招呼的方式，使学生建立与植物的连接。而且同学们认领回家的植物需要从若干幼苗中选出。这一过程又一次使学生必须更进一步观察每一株植物，并且进行思考和选择。通过课堂观察可以体会到，虽然在园艺教室学生们并没有传统课堂那么安静，然而孩子们所热切讨论的话题均与种植实践有关。

此外，当园艺与语文相结合，在这样综合实践的课堂，对学生的评价不再是对某一个问题的正确回答，而是在更加开放的园艺实践当中以更多元的方式实现师生评价、生生评价，尤其是学生对自己的评价。学生的效能感来自于真实参与的愉悦，来自于实践与思考过后的收获，更来自于课堂与生活的真实连接。课堂中，语言表达变成"有感而发"甚至"不吐不快"，语言表达变成了生生之间跃跃欲试的讨论，变成了因真实需要而进行的交流。

三、注重合作学习

如果说，语文综合性学习强调合作精神与组织协调能力，那么结合园艺心理课程的实践，孩子们需要通过一次次小组之间的生生合作来完成学习任务。在这个过程当中，孩子们需要进行充分沟通与交流，以合作的形式完成学习任务。

课堂实录如下。

师：请刚才用到不同颜色去标记树叶的同学举手。原来我们面对一件事情会产生这么多种不同的情绪。

画廊漫步。

（1）小组合作，将叶片的颜色归类，按照不同情绪类别贴到本组的大树上。

（2）通过画廊漫步的形式参观其他小组的情绪树。思考他们都用了什么样的颜色，与你们小组同伴交流一下，大家有怎样的相似之处呢？

（3）小组交流汇报。

设计意图：说明情绪是五颜六色的，是多种多样的，这是我们人类的正常反应。

因为每一片叶片都是学生依据自己日记里的情绪绘图完成，因此每片

小叶子对学生而言都有很重要的意义。然而要完成这一环节，学生需要首先对自己小组的所有叶片有所了解，并且在安排和粘贴叶片的过程中进行协调，才能达到对颜色进行合理分类的同时，又兼具美观的效果。因此，生生之间需要进行快速有效地沟通，同时需要小组成员间的合作精神才能在有限的时间内完成任务。这一过程中需要大量的语言交流，并且锻炼了学生的团队合作能力。

四、多学科博采众长

为完成提高学生语文综合素养的目标，在语文综合实践课中，笔者认为不妨博彩多学科所长，帮助学生更好地认识和理解，从而为学生的语言表达打下良好的情感基础。

课堂实录如下。

师：在我们的生活中，我们的情绪会因为环境的变化而变化，比如说，听到不同的音乐。

今天上课之前，老师就请同学们来听两段音乐，咱们一起来想一想，如果让你用一种颜色来表达你的感受，你会用什么颜色呢？

（1）听一段欢快的音乐（《春节序曲》），给你什么样的感受？你选择什么颜色？

预设：高兴，开心，选择红色、金色等等。

（2）听一段悲伤的音乐（《梦后》），给你什么样的感受？你选择什么颜色？

预设：悲伤、难过，选择黑色、灰色等等。

设计意图：体会我们可以用色彩来表达情绪。

情绪的语言化表达对于低年级学生而言难度比较高，因此本课在设计过程中充分考虑到学生实际，从听音乐表达感受引入，让学生试着为情绪寻找对应色彩，继而引申到事件带来不同情绪同样可以用色彩表达。而后通过学生涂色的树叶归类集合让学生直观感受情绪的丰富与真实。最后让学生将情绪与事件进行联系，通过日记、语言交流、书信等方式去体会用语言表达情绪对于自我调节的帮助。

五、总结

结合园艺心理课程进行的语文综合性学习，有助于学生在更为贴近实际生活的环境当中参与实践、收获思考和体会；激发学生结合实践中遇到的真问题运用语言文字进行沟通和分享的愿望；锻炼学生的信息收集和处理能力、组织协调能力、口头及书面表达能力等。巧妙地将语文与园艺相结合，有助于更好地体现学生在课堂中的主体地位以及教师的指导地位。

小学品德学科的家国情怀教育

杜欣月

《完善中华优秀传统文化教育指导纲要》中重点强调了开展中华传统文化教育，要以弘扬爱国主义教育为核心，以家国情怀教育、社会关爱教育和人格教育为重点，着力完善青少年道德品质。在这一背景下，如何把社会主义核心价值观中的爱国主义教育融入学科教学中，实现课堂从时间、空间、内容上的课程转型，夯实学生的爱国教育根基有着重要的理论和现实意义。

一、家国情怀的内涵与外延

家国情怀是中国优秀传统文化的基本内涵之一，它对增强民族凝聚力、提高公民责任意识、建设美好幸福生活等方面都有着重要的时代价值。

首先，家国一体。原始社会时期国家还没有出现，人们主要以有血缘关系的部落或部落联盟构成，此时的"家"即"国"，"国"亦是"家"。从夏商时期开始，"国家"的意识才开始出现，但国与家之间仍然保留着某种联系，这种联系以血缘和地缘为纽带，国家相当于部落联盟的再扩大和政治化。可以说，从古至今我国的"家"与"国"就没有真正地割裂过。因此，家国一体要把个人、家庭、国家有机结合，人对家国同构理念的认知就形成了家国情怀。

其次，先国后家。家国情怀把主体置于"家国一体"的共同体意识之下，个人意识服从社会意识，个人利益服从共同体利益，个人行为符合共同体需要。在这种意识的影响之下，这些共同体意识是中国自始至终能够统一进步与和谐发展的重要原因。

最后，家国之情。在儒家思想占统治地位的中国，仁爱之情根植于国人之心千年之久。关心及帮助他人，是儒家思想的内在核心，也是家国情怀的内在驱动力。家国情怀所持有的对共同体的认同感是建立在仁爱、敬畏、宽容的基础之上，这种思想以一种情感的形式转化给家国情怀，成为把人的这种情怀引领上正确方向的灯塔。

二、家国情怀教育在小学品德学科中的体现

小学阶段是个人成长过程中的重要阶段之一，这个阶段的认知发展是学生今后各项发展的奠基阶段。因此，要用积极正确地价值观引导学生感悟社会、认识社会、参与社会，家国情怀教育对培养学生成为一个自尊、自强、自爱的有家庭责任感和社会责任感的人具有重要的意义和价值。对小学生而言，家国情怀的培养主要应包括五个方面：培养学生对祖国锦绣山河的热爱之情；培养学生对祖国历史文化的珍爱之情；培养学生对祖国历史文化的珍爱之情；培养学生对祖国各族人民的同胞之情；培养学生对振兴中华的奋斗之情。

比如，二年级上册第一单元的《爱祖国多自豪》，让学生知道自己是炎黄子孙的传人，知道国旗和国徽的含义，知道祖国妈妈的生日，了解祖国的大美河山等。教师可以引导学生通过歌曲《龙的传人》，让学生知道自己就是龙的传人，我们有黑色的眼睛、黑头发和黄皮肤，这样的外貌特征就是龙的传人；通过展示国旗和国徽的照片，给学生讲解国旗和国徽背后的故事，让学生从心底尊敬国旗、国徽；通过给同学们讲解中华人民共和国诞生的故事，让学生记住祖国妈妈的生日，感受祖国的强大与富强；通过展示风景如画的大好河山，让同学们进一步热爱自己的祖国，激发学生身为中国人的自豪之情和热爱之心。

比如，四年级下册《我爱首都北京城》这一单元，介绍了学生的家乡首都北京。家乡是我们每个人生命的根，是我们世世代代生命不息的源头。热爱祖国是从热爱家庭、热爱家乡开始的，生活在北京的学生，对北京的自然环境、物产资源、社会生活等感受更为亲切，家乡的山山水水在每个人的记忆中都有重要的位置。因此，在这一单元通过大量的图片、照片、地图等，引导学生认识家乡、认识首都，让他们更多地了解家乡、熟悉这片养育他们的土地，从而热爱这片土地，热爱家乡的一草一木，激发对家

乡的自豪之感，并由此升华为爱国之情。

比如，在五年级下册《不能忘记的历史》这一单元中，让学生知道中国的近代史，既是帝国主义侵略中国的历史，又是中国人民反对帝国主义侵略的历史。中国的无数仁人志士为了拯救国家的危亡，浴血奋战，英勇献身，在中国共产党的领导下取得了胜利。通过一系列的事例，让学生知道千千万万的人民英雄为了国家的独立、解放，为了民族的复兴，抛头颅、洒热血，英勇奋斗，才换来了我们民族的复兴，换来了我们今天安定、祥和、幸福的生活，激发学生对革命先烈的敬意，增强民族自豪感和爱国志向。

三、进一步促进家国情怀教育在品德学科中的实现措施

针对小学不同年段，小学品德学科从不同角度、维度和深度对学生的家国情怀进行引导、渗透和教育。利用好品德学科对学生进行家国情怀教育的具体实现措施包括以下三个方面。

（一）针对不同年段有序推进家国情怀教育

在小学低年级段，开展启蒙教育，培养学生热爱中华优秀传统文化的感情，比如了解一些爱国志士的故事，知道中华民族重要的传统节日，了解家乡的生活习俗，明白自己是中华民族的一员；初步了解传统礼仪，学会待人接物的基本礼节；初步感受经典的民间艺术。

在小学高年级，了解中华民族历代仁人志士为国家富强、民族团结做出的牺牲和贡献；知道重要传统节日的文化内涵和家乡生活习俗变迁；感受各民族艺术的丰富表现形式和特点，尝试运用喜爱的艺术形式表达情感；引导学生热爱祖国河山、悠久历史和宝贵文化。

（二）全面提升教师的家国情怀素养

加强对教师的中华优秀传统文化教育培训，通过组织各种形式的培训学习活动，提升教师开展中华优秀传统文化教育的能力。在教育教学中，教师专业素养的提升并不是一蹴而就的，它是一个不断发展、不断创新、不断提升的内化过程，是一个与时俱进的动态过程，因此要逐步推进教师

关于家国情怀教育的思想意识和知识素养储备。随着家国教育需求的不断提高，特别是随着新课程改革的不断深化，对教师综合素质和教育教学能力的要求越来越高，只有提升教师的相关教育素养，才能为学生树立家国情怀打下基础。

（三）加强家国情怀教育的多元支撑

受小学生年龄阶段及认知特点的限制，学生的价值观具有易波动、不稳定的特点。因此，在学生家国情怀的教育过程中，要善于利用多种教育资源。比如在教育中融合博物馆资源，利用博物馆资源可以跨越校园的"围栏"，通过学校课堂难以实现的实物教学、情景教学和体验互动等方式，帮助学生深入了解与教学主题相关的内容。这种方式不仅突破了学科的边界，改变了学校教育单向培养的育人模式，更能让学生从真实体验出发，让学习融入社会发展的历史脉络中，让社会教育机构与学校形成合力、达成共赢，形成学校与社会协同育人的教育格局。

参考文献

[1] 习近平谈治国理政. 北京：外文出版社，2014
[2] 徐丽华，袁德润. 小教"课程与教学"课程群建设构想. 湖南第一师范学院学报，2011（4）
[3] 韩飞，王文雯. "家国情怀"教育的实践与思考. 轻工科技，2015（3）

利用国家博物馆资源开展社会主义
核心价值观教育的实践研究

——以小学品德与社会学科为例

郭志滨　金少良

一、问题提出

1. 社会背景

为不断落实立德树人这一根本任务，从国家到地方纷纷出台系列政策文件，以进一步培育和践行社会主义核心价值观。2014 年《北京市中小学培育和践行社会主义核心价值观实施意见》正式颁布，文件指出"将培育和践行社会主义核心价值观融入教育教学全过程。……使社会主义核心价值观成为每一名学生的精神追求和自觉行动"。根据该"实施意见"的要求，不难看出培育和践行社会主义核心价值观教育是当前每一所学校、每一门学科教师都应该承担的一项重要教学任务。

2. 学校课程改革的需要

加强社会主义核心价值观教育，必须依托课程这一主渠道，增强教育的系统性。史家小学在和谐课程理念的引领下，建构和完善了独具学校文化气息的博物馆校本课程，以加强核心价值观的教育。

品德与社会是一门以促进学生道德发展为核心的课程。社会主义核心价值观三个层面的内容，与现行的品德与社会课程内容有许多契合之处。通过不断审视与反思我们的课堂，我们发现在传统的品德与社会课堂教学中，讲授色彩过于浓厚，老师过于重视对教材知识的传授，而缺乏系统的核心价值观教育设计；过于强调学生对价值规范的认知，缺乏对学生价值观形成过程的关注，道德认知与道德实践尚未真正统一。为此，提出了利用国家博物馆资源来促使培育和践行社会主义核心价值观教育在品德与社会学科中得以有效落实。

二、研究过程

本课题的研究以国家课程小学品德与社会学科为基础，以国家博物馆资源课程化利用为依托进行实践性研究。研究对象为小学三至六年级学生。在课题研究的过程中，建立跨领域的研究团队，转变传统的课堂模式，探索博物馆教育在品德与社会学科教学中有效应用的新模式。

1. 价值观教育现状分析

一是资源单一。受传统教育观念的影响，老师们常常把课程资源窄化理解为课本和教参，限制了价值观培育的教育场域。

二是方法受限。长期以来受"学科本位"和"知识本位"的影响，课堂教学容易陷入过于注重知识传授与价值观单向灌输的误区，授课方式局限于我讲你听、我教你学、我说你做，把社会所认可、需要的价值规范强行传递给学生，忽视学生的主体地位。

三是价值观出现偏差。学生价值观状况的主流是积极、健康、向上的，但是在这个纷繁复杂的社会背景下，以及受小学生年龄特点的限制，其价值观体现为多元化与不稳定性。过于关注自我实现、自我满足、自我价值，并且个人价值观容易被社会不良现象误导。

2. 教师理念更新与转变

基于以上价值观教育现状的分析，我们意识到教师专业化成长是本研究得以顺利开展的关键，为此我们围绕核心价值观教育，开展系列教师专业成长的培训活动。

一是理念转变，凸显学科育人价值。教育部《关于培育和践行社会主义核心价值观进一步加强中小学德育工作的意见》中，提出了社会主义核心价值观教育的四个基本途径，其中，"课程育人"被放置于育人途径的首要地位。经过多次的深入研究，逐步让老师们意识到，学科书本知识在课堂教学中是"育人"的资源与手段，服务于"育人"这一根本目的，进而在教师的头脑中重建课堂教学价值观，并在自己的教学实践中有意识地、持久地去渗透核心价值观培育。

二是专业引领，不断提升专业修养。将业已熟悉的学科教学与博物馆资源进行结合，老师们进入一个相对陌生的领域。为此，我们开发系列教师培训课程，组织老师走进国家博物馆进行实地学习。在一次又一次的熏陶下，老师开始爱上传统文化，爱上了博物馆，不断提升自身的专业修养。

3. 构建跨领域协作体

新的教育理念告诉我们，当前的教育要能够融合各种资源，开展综合性、实践性为主的课程。我们的教育观念要从"课本是教育的全部世界转变为世界才是真正的课本"。为此，我们主动与博物馆社教部的工作人员进行沟通，将品社教材、课程标准呈现出来与他们一起研读，在理念上达成一致。双方都认可博物馆教育是品德与社会学科教学实效性得以提升的最佳途径，是践行社会主义核心价值观的最好突破口。

为此，我们组建了"跨领域"的教育协作体。在这个团队中，既有擅长教学设计的学校老师，也有具备历史文化专长的博物馆专业人员，更有着深厚专业功底的专家学者，为核心价值观教育的有效开展奠定基础。

4. 资源梳理

本研究由从知识的角度理解课程转变为从学习者的角度理解课程，从而赋予了课程资源以新的内涵和外延。课程资源不仅仅是教材，也不仅仅局限于学校内部，课程资源广泛存在于学校、家庭以及社会之中。

我们以国家博物馆陈列展为依托，选出适宜开展落实和践行社会主义核心价值观教育的文物，充分挖掘文物背后的故事，以及文物自身所承载的传统美德、历史价值、文化艺术内涵等，使其成为践行社会主义核心价值观的载体，开展具有学科特色的价值观教育。

5. 课堂再设计

在学科教学中开展社会主义核心价值观教育要求我们对已有的课程教学进行再设计和再开发，从中进一步凸显和拓展其应有的育人价值。为此，本研究系统分析三至六年级品德与社会教材的各单元教学内容，将核心价值观培育列为课程目标的首要内容，并在内容安排上增加核心价值观培育的相关教学设计，在教学方法上强调在动手实践与实践体验，在课程评价上通过展示性评价与关注学生价值观形成状况。

三、研究成果

（一）"博古通今"——核心价值观培育的教育模式创新

习近平总书记曾经强调，"培育和弘扬社会主义核心价值观必须立足中华优秀传统文化""中华优秀传统文化已经成为中华民族的基因，植根在中国人内心，潜移默化影响着中国人的思想方式和行为方式"。博物馆作为中华传统文化的重要载体，必然成为核心价值观教育的天然场所和重要源泉。相对于传统课堂教育模式，在课程中引入丰富的博物馆资源，是进行核心价值观教育的模式创新，该模式呈现出如下特点。

1. 价值观准则的形象化

把核心价值观日常化、具体化、形象化、生活化是习近平总书记对开展核心价值观教育的要求。在日常课堂上，我们突破传统课堂的局限，让学生横穿世界、穿越古今，直面鲜活的文化、悠远的历史。核心价值观的24 字准则在我们的课堂里鲜活起来，国家博物馆中关于国家历史发展的陈列成为学生们理解"富强、民主、文明、和谐"的重要载体，文物所隐含的价值指向是学生感悟"自由、平等、公正、法治"的具体参照，器物背后的动人故事是学生养成"爱国、敬业、诚信、友善"价值准则的文化依据。

我们还将部分品德与社会课堂搬到国家博物馆展厅进行，让国宝陈列成为孩子们"好奇心的陈列柜"。一件件饱含历史文化内涵的国宝展品吸引着孩子们好奇的目光与学习的脚步。在这个具有真实性、直观性的成长空间和教育场域，全方位影响着学生的情感、态度、价值观的形成。

2. 价值观教育的活动化

价值观教育应避免单纯的规则说教和灌输，而应寓教育于多样化的活动之中，促使学生在动手实践中感知和领悟它，内化为精神追求，外化为实际行动。这与品德与社会的课程理念是高度契合的。引导学生在体验、探究和问题解决的过程中，形成良好的道德品质，实现社会性发展。因此，我们在课程设计与实践中注重联系学生的生活实际，引导学生在实践活动中发现、提出并解决问题，形成正确的价值观。

3. 价值观养成的持续化

一方面，价值观教育实质上存在于人的生命全过程，属于终身教育的范畴。学校教育属于阶段性教育，博物馆资源则弥补了课堂教学时间性的不足，充分满足了价值观养成的持续化需求。另一方面，受小学生年龄阶段及认知特点的限制，学生所形成的价值具有易波动、不稳定的特点，因此要提高核心价值观教育的实效性，必须帮助学生建立起一种可持续化的学习方式。我们鼓励学生在课下走进博物馆继续探究课堂上的相关问题，养成利用博物馆开展自主学习与探究性学习的良好习惯。可以说，学生在课程中形成的利用社会资源自觉开展学习的生命状态，将会使其一生受益。

（二）"博物＋"——核心价值观教育的课程资源构建

浩瀚的国家博物馆资源为我们开展核心价值观教育提供了无限可能，但是我们也必须对其进行系统筛选，选取最能契合学生认知特点和课堂教学需要的文物资源。我们将小学三至六年级的品德与社会课的教学内容进行梳理，从中挖掘社会主义核心价值观的内涵，之后再从国家博物馆三个陈列展中选取可以诠释价值观内涵以及与教学内容相关的文物，使其三者一一对应，为实际的教学工作做好准备与铺垫。

（三）"博·悟"——核心价值观教育的课堂模式重构

在实践与教学探索中，我们以体验式教学为依托总结梳理了六种博物馆学习的实践模式。

（1）字词溯源法。即引领学生通过文字或字词来源的探索，进行学习，通过文献资料的搜集，对文物器形、用途、制作工艺的了解来重新解读文字或者是词语的本意，从而获得对文物的认识与了解。

（2）猜想实证法。即引导学生通过观察、发现文物上的有效信息，对自己所观察的事物提出相应的问题，并试图通过讨论、分析以及充分调用所学的知识对问题进行猜想，同时给自己的猜想一个合理的、科学的解释，在这个过程中培养学生分析问题、解决问题的能力以及大胆质疑和勇于探索的精神。

（3）模拟感悟法。即在教学中学生通过模拟表演发现问题，在小组合作与讨论中寻找到解决的方法，从中感悟到祖先的伟大以及祖先的聪明智慧，从而形成对祖国文化的认同感。

（4）摹写创作法。即通过观察描摹的活动，让学生更加全面的认识融汇在文物之中的艺术内涵、文化内涵等信息，感悟古人凝聚在文物中的无限智慧。在此基础上，引导学生大胆创作，完成自己的作品。在这个过程中，积淀学生的人文底蕴，并有意识地培养学生的创造意识与创造能力。

（5）劳作识技法。即在学习的过程中，学生通过了解文物的制作技法，再尝试着自己模拟制作。在劳作的过程中，不仅能够进一步了解祖国的优秀手工技法，同时培养学生的劳动意识，养成良好的生活习惯。

（6）类比寻规法。单件文物足以提供给学生丰富的信息点，但是当多件文物按照某种历史脉络呈现在学生面前时，则是一个完整的信息链条。通过引导学生对同一学习主题下的多个文物按照历史进行自主探究，从而让学生在历史发展脉络中发现其蕴含的价值追求。

四、创新点

1. 从传统文化中寻求对当代青少年价值观教育的资源支持

社会主义价值观教育是当下各阶段教育的重中之重，特别是品德与社会课程更是承担着为学生树立正确人生观和价值观的重要课程。因此，借助博物馆的优质教育资源，在其介入下，必将引起教学模式的改变、师生角色的转变、学习方式的变革，这样我们的课堂就会变得丰富多彩，社会主义价值观教育也会变得生动有趣，更加容易被学生接受，课程设置更加具有实效性。

2. 有效解决学科教学遇到的实际问题。

小学品德与社会课程标准中明确指出："学生的生活及其社会化需求是课程的基础。"因此，如何引导学生在生活与参与社会中形成正确的价值观，不断提高品社课堂的教学实效性是我们品社课堂教学的重要话题。国家博物馆内的古代史陈列展、复兴之路陈列展则是人类社会发展、人类社会生活的精华缩影，是开展社会教育最合适的场所。通过本研究的开展，将探索出一条将社会教育资源转化为课程资源的有效路径，解决众多学校一线教师面临的实际困难。

五、实践效果

（一）核心价值观在学科渗透中得以养成

在利用国家博物馆资源进行品德与社会课的教学过程中，课程目标不仅借助一件件历史文物可以顺利得以落实，而且社会主义核心价值观的基本追求在解读文物背后的故事时深深镌刻在学生的心中。

"内化于心"是社会主义核心价值观教育的基本要求，"外化于行"则是最终目的。我们在布置"童眼看文物——博物馆里的核心价值观"的主题作业时，引导学生自主走进国家博物馆，结合核心价值观的 24 个关键词进行文物推荐。在收到的千余份学生作业中发现，在解读"富强"这一核心词的时候，学生们选择的文物有"神舟五号"返回舱、第一颗人造卫星等；在解读"爱国"这一主题词中，很多孩子选择了开国大典复原场景、第一面五星红旗；在解读"友善"这一准则时，很多孩子选择了三彩骆驼载乐陶俑、奥巴马赠送的橄榄枝摆件……可以说，学生们在这一"博古通今"和"博·悟"的过程中核心价值观得以不断养成。

（二）核心素养在课堂转型中扎根落地

核心素养是关于学生知识、技能、情感、态度、价值观等多方面要求的综合表现。"核心素养"要求我们的课程必须要面向"完整的人"的培养。传统的分科课程及其教学方式不足以承担起培育学生核心素养的使命。随着本研究的不断深入，在品德与社会的课堂教学中，我们尝试打破学科边界，以主题探究的方式，充分调动学生多学科的知识的联动，将传统文化教育、核心价值观培育与学科教学内容实现有机整合。

在《孕育中华文明》一课中，学生以博物馆学习单为自主学习的线索，在知道了古人会用火、能耕种之后，以如何加工食物为核心问题，自主探究了新石器时代典型陶质炊具釜、甑、鼎、鬲等，同时也知道了中国人是世界上最早利用蒸汽的热量加工食物的人……在这样的课堂上我们很难发现分科课程的痕迹，我们的课程由学科逻辑转向生活逻辑，我们的学生则由知识的接受者转变为知识的发现者，学生的核心素养正在逐渐形成。

（三）学习方式在课程变革中不断转变

在品社课程的再设计过程中，我们从学生立场出发，重新思考"学习如何发生"这一话题，不断促进学生学习方式的转变，形成符合未来人才培养方向的真实性、开放式、互动性、深度式学习方式。

在这里，学习是真实的。多年来我们被抽象的、理论性的"价值符号"所包围。在国家博物馆资源的浸润下，一件件饱含历史文化内涵的国宝展品带领学生从"符号世界"走向"真实世界"，孩子们主动建构其知识与生活的联系，并从中提出真实的问题，获得真实的知识，习得真实的能力，养成真实的素养和价值观，从而让学习真实发生。

在这里，学习是开放式的。我们"把博物馆装进学生的口袋"，开放的学习内容、开放的师资构成、开放的学习环境让学生视野超越学校的围墙，让学生由博物馆放眼社会，由中国文化放眼世界文明。学生在课堂上养成利用社会资源自觉开展学习的习惯，让学习随时随地发生。

在这里，学习是互动性的。课堂学习不是一个无声的单向知识传递的过程，而是一个交织着多重声音的生动世界。学习是相遇和对话，学习不仅仅是学生个人头脑中进行的活动，而是发生在学生与周围世界的多重互动与对话之中，在这个过程中构筑世界、构筑伙伴、构筑自身，让学习在对话中发生。

在这里，学习是深度式的。在由一件件国宝构建的广阔时空里，孩子们怀揣敬畏之心，向智慧敬礼，向文明鞠躬。孩子们将自己的思维和认知放置于中华历史文明的长河中，从中所寻找到的自我身份认同与归属感，形成属于自我的核心价值观，形成孩子的终身记忆。这种以文化器具为线索形成的贯穿古今的思维方式，多角度认识真实世界的哲学思想，让学习深度发生。

基于学习优势理论培养小学生
基本学习能力的策略研究

陈凤伟　吕闽松　左明旭　孙桂丽

一、研究背景

21 世纪的学生应具备哪些能力才能成功适应未来社会发展的需要？面对日趋激烈的国际竞争，我国要深入实施人才强国战略，提升教育国际竞争力，也必须解决这一核心问题。2016 年 9 月，《中国学生发展核心素养》正式发布，学生发展核心素养，主要指学生应具备的，能够适应终身发展和社会发展需要的必备品格和关键能力，研究学生发展核心素养成为落实立德树人根本任务的一项重要举措。

国家中长期规划纲要中明确提出要"关心每个学生，促进每个学生主动地、生动活泼地发展；尊重教育规律和学生身心发展规律，为每个学生提供适合的教育"，展现了教育既要面对全体学生又要因材施教，基本学习能力的培养可以适应学生个性化发展的需要，为学生的未来找到发展的空间。例如 2011 年修订的义务教育《数学课程标准》，进一步丰富了学生能力培养的基本内涵。把传统的"双基"目标发展为"四基、四能"，即在基础知识和基本能力上，增加了"基本活动经验"和"基本思想"，在抽象思维和推理能力上增加了"创新意识"和"实践能力"，明确了培养学生学习能力的基本要求。

具体到我们学校，教师的教学理念已从"如何教"转化为"如何学"，从"教什么"转化为"学什么"，从关注自身教学转移到学生学习，培养学生拥有掌握未来的能力，让他们获取选择未来的力量，是史家和谐教育不懈的追求。但在班级授课制下，存在现有的教学方式与学生个性需求匹配程度不高的问题。那么，教师如何真正全面了解学生，发现和发挥他们的学习优势，做到"因材施教"和"授人以渔"？又该如何为学生的未来发展积淀能力基础，增强发展的后劲？

我们认为学生基本学习能力的规划与引导至关重要，离不开学校教师有意识的培养，要将学生基本学习能力的培养作为学科教学的重要目标。基于此，我们依托学习优势理论，立足学科教学实践，探索了小学生基本学习能力培养的策略。

二、小学生基本学习能力的内涵

（一）小学生基本学习能力概念的界定

学习能力主要指学生在学科教学活动中运用科学的学习策略去独立地获取信息，加工和利用信息，分析和解决实际问题的一种个性特征。具体到操作层面，也就是说学习能力主要包括自我确定学习目标的能力、灵活运用学习方法的能力、解决问题策略的迁移能力。

本研究将小学生基本学习能力界定为：在学习优势理论视域下，教师依托相关的知识、技能、策略，借助学科教学这个主阵地，立足个体的智力因素和非智力因素，引导学生在学习活动中逐步形成和发展起来的表达能力、信息能力、操作能力、自我监控能力、合作交往能力、问题解决能力。

（二）小学生基本学习能力的构成

本研究将其形成途径归结为学习活动，主要的构成要素有知识、技能和策略，表现形式概括为六种能力，即表达能力、信息能力、操作能力、自我监控能力、合作交往能力、问题解决能力，并对这六大基本能力进行界定和框架说明。其中，心理基础是智力因素和非智力因素（见下图）。正如毕华林所说，"把知识、技能、策略纳入学习能力的构成之中，强调能力的实质是结构化、网络化、程序化的知识、技能和策略，强调学习活动是学习能力形成和发展的重要途径，这一能力观具有非常重要的现实意义"。

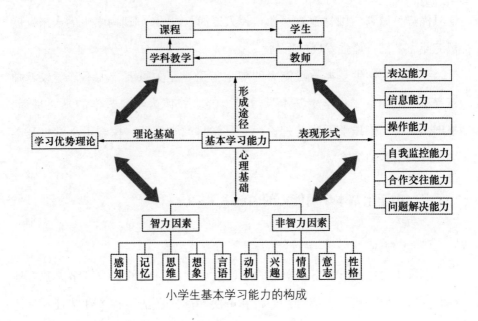

小学生基本学习能力的构成

三、小学生学习优势测评及分析

学习优势是学习者在吸收、理解、记忆和表达知识时所采取的最适合自己的、最有效的方式。学习优势关注的是学习者的个体差异，强调的是不同学习者都有自己最擅长的学习内容与学习方式。

本研究借助北京师范大学刘儒德教授团队开发的学生学习优势测评问卷，随机选取了五年级（3）班（44 人）和（13）班（41 人）、四年级（14）班（32 人）、三年级（8）班（38 人）、（10）班（39 人）、（12）班（39 人）共六个班 233 人进行了测评，发放问卷 233 份，回收 233 份，有效问卷 233 份，有效率 100%。

本问卷从物理环境（声音、坐姿）、时间节律（清晨、上午、下午、晚上）、感觉通道（视觉、听觉、触动觉）、认知风格（分析、综合；发散、聚合；抽象具体）、认知特征（速度、准确性）、表达风格（口语、书面、操作）、社会环境（单独学习、合作学习）等七个维度对学生的学习优势进行了测评。

把六个班级的数据汇总，绘制了班级学生优势分析图解。本测评在各个维度下对应给出了该维度下的人数分布，优势指在某一因素上得分超过 60 分，弱势指在某一因素上得分低于 40 分。

以五（3）班为例，见下图。

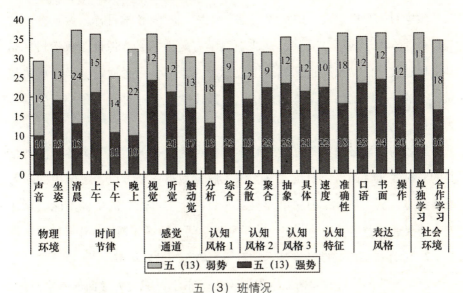

五（3）班情况

该班学生偏爱在上午学习，偏爱运用视觉和听觉进行知识的获取与理解，在认识风格上偏向于综合解决问题，发散思维和聚合思维各有优势，喜爱抽象思维，在认知特征上 22 人在速度上具有优势，18 人在准确性上具有优势。倾向于单独学习与合作学习并重，有超过一半的学生在口语、书面和操作表达上具有优势。

总之，在测量、分析学生及班级在"学习优势"的基础上，以学生为主体，以课堂为渠道，采用分类、分组等多种形式让学生在学习过程中突出优势、全面发展、扬长补短，使得"因材施教"理念在"班级授课"中得到真正落实，从而实现了传统的课堂教学模式由粗放式向精细化、由集体施予到关照个体差异的转变。

四、小学生基本学习能力培养的教学策略

聚焦基本学习能力的教学活动是学科教学中的首要任务，主要是根据课程标准的要求，把握知识的本质、结合学生的实际，围绕学生基本学习能力的培养来确定教学目标、设计和实施教学活动、开展教学评价，并通过丰富学生的学习方式、改进学生的学习方法，促进学生个性发展，获得适应社会的能力，为终身学习和终身发展打下良好的基础。

1. 确立指向学生基本学习能力培养的学科教学目标

教学目标是教学设计中最先考虑的因素，明晰教学目标，做到有的放矢，是课堂教学的第一要素，是课堂教学有效性的必要保证。教学目标是师生通过教学活动预期达到的结果或标准，是对学习者通过教学以后将能做什么的一种明确的、具体的表述，要描述学习者通过学习预期产生的行为变化。

有效的教学必先具备有效的教学目标，确立指向学生基本学习能力培养的学科教学目标需要研读课标，深入解读教材；全方位了解学生的学习准备状态；统领整合，确立单元及课时目标。学习能力的培养不能一蹴而就，需要通过教学目标的制定，在学科教学活动中循序渐进，逐步培养。

2. 设计和实施瞄准学生基本学习能力培养的教学环节

教学环节的设计，要树立以发展学生基本学习能力为导向的教学意识，将基本学习能力的培养贯穿于教学活动的全过程。要把握教学内容的本质，创设有利于学生学习能力发展的教学情境，整合教学内容，选择适宜的教学素材，设计教学活动，优化教学过程等。

教学活动的实施，要更加"开放、互动、动态、多元"，不断转变教学方式，改变学习方式，不管是学科思维训练，还是学科基础知识的有效积累，都需要瞄准学生基本学习能力培养，在有效的活动中完成基础性、主干性学科知识的积累，在教师的引导下提出和发现问题，并通过调查研究、动手实践、亲身体验、表达与交流等探究性活动来分析和解决问题，从而达成对基本学习能力的培育。

3. 调整和开放师生共同营建的教学方式和学习方式

课堂中，教师的教学方式和学生的学习方式是有机联系、不可分割的整体，教师的教学方式决定着学生的学习方式，教学方式的转变是前提和基础，学习方式的转变是结果和目的。转变传统单一的、被动的、以讲授为主的、灌输式的教学方式。融育人目标于教学内容与教学过程之中，提高学生学习的积极性，满足学生求知的渴望和多方面发展的需求，把学习过程中的发现、探究、研究、合作等认知活动凸现出来，引导学生主动参与、乐于探究、勤于动手，合作交流，提出问题，解决问题，让学生真正成为学习的主人。

4. 学科融合设计凸显学生个体学习优势的多样化作业

基于个体学习优势，开展个性化作业对培养学生的基本学习能力具有重要的价值。教师在充分尊重学生个体差异的基础上，借助形式多样、内容多维的作业设计，给学生自主创新的机会。完成一份个性化特色作业，要经历信息搜集、处理、筛选的过程，这是对信息能力的促进。学生选择作业的变现形式、表达方式，这是表达能力的发展。有些作业还需要学生去实践取材，需要同伴的合作和支持，这是交往能力发展的机会。整个作业从理解到策划、设计、寻求完成的方式和经历，是整体促进学生基本学习能力、让优势更优弱势不弱的发展过程。

5. 整体实施激发学生基本学习能力的综合实践活动课程

表现为在综合空间的自主学习，强化对学生基本学习能力的培养。通过对教室进行合理的功能分区，设置集自主学习、探究学习、集中学习、非正式学习等多种方式为一体的综合空间；创建了书院、科技馆、天文馆、人格教育基地、传媒中心、晶晶体验中心等一系列实现自我学习的空间。

6. 完善基于学生基本学习能力培养的学业评价体系

评价要以发展的眼光，着眼未来。评价不但要关注学生今天的学业成绩，而且关注学生明天的发展前景，目的是促进学生在原有水平上不断发展。因此，评价要发现和发展学生基本学习能力相关方面的潜能，要了解学生发展中的需求，倡导积极的发展性评价，帮助学生认识自我，建立自信。

在具体的操作中，要尽可能立足过程评价，坚持全面评价，重视发展性评价，采用激励性评价；坚持评价主体的多元化，将自评、互评、师评、家长评四维评价结合，逐步强化学生的自评和互评，突出评价过程中学生的主体地位；本着以目标为中心的持续评价，以过程为中心的发展评价，以结果为中心的学业评价，构架以学生发展为本的学业评价体系。

五、研究结论与反思

（一）研究结论

1. 构建小学生基本学习能力的框架

通过研究将小学生基本学习能力形成途径归结为学习活动，主要的构成要素有知识、技能和策略，表现形式概括为六种能力即表达能力、信息能力、操作能力、自我监控能力、合作交往能力、问题解决能力，心理基础是智力因素和非智力因素。

2. 归纳概括小学生基本学习能力培养的策略

通过对学生个体及班级学习优势的测评，结合学科教学的本质，本研究从课程设计、教学实践、教育评价等三个角度归纳概括出六个具有可操作性的基本学习能力培养策略。不管是教学流程的再设计、学科融合下多样化作业开发，还是综合实践活动课程的实施、学业评价体系的完善，均着眼学生基本学习能力的培养。

（二）研究反思

1. 对小学生基本学习能力培养对策的思考

在后续的研究中，要进一步通过问卷调查对小学生基本学习能力的现状进行调查和分析，并通过对影响小学生基本学习能力培养的因素、形成的路径等角度来进一步丰富和完善小学生基本学习能力培养的对策。

2. 小学生基本学习能力评价指标体系的进一步完善

在后续的研究中需要对基本学习能力评价体系及标准进行完善，并和具体的学科教学结合进行深入研究，以便更好地指导教学，促进学生基本学习能力的提升。

3. 小学生基本学习能力与核心素养关系的思考

核心素养视域下小学生基本学习能力又该如何培养？所谓"学生发展核心素养"，在学生逐步获取"必备品格和关键能力"时，如何在课程和教学中使学生获得基本的学习能力？需要在后续的研究中进一步探讨。

第 **4** 部分

团队建设

团队是学校集团化教育教学的重要力量。

赋权：领袖教师专业自主。将骨干教师以及在某一领域有着较高专业影响的教师视为"领袖教师"，为之搭建专业成长的舞台，创设学术发表的平台，扩大其专业影响力。这些领袖教师也在与同伴互助的过程中不断反思自我，突破瓶颈，尊重教师的专业判断能力。

增能：真实场域针对课程。以经验为基础，以问题为中心，开展基于教学现场、走进真实课堂的实践性、情境性研修。同时依据教师队伍多层次、多元、多维的发展需求，以通识培训为教师积蓄底蕴，以特色培训满足个性发展，以专题培训拓展教师视野，以导师培训提升教师境界。

实施集团内部督导，实现教育优质均衡发展

——简述史家教育集团实施内部督导的作用

金　强　马淑芳

一、集团学校内部督导的基本内涵

（一）督导与教育督导的内涵

想要探讨集团学校内部督导，必须先厘清督导与教育督导的基本内涵。

"督导"一词，在《现代汉语词典》中非常简明地被释义为：监督指导，其中监督意为察看并督促，指导意味着指点和引导。而督导作为一项教育制度，我国由教育视导改名为教育督导，充分体现了"督"的地位，督导与视导共揭示了三个动作，即"视""督"和"导"。按照逻辑分析，首先应"视"，即考察，在考察后应进行评价与信息反馈。"督"在此有察看、监督之意，动作的发出具有一定的目的性，即评价与信息反馈。由此观点出发，"视"是对客观现象的考察与呈现，"督"是对"视"的现象进行监督从而进行描述、评价甚至是修正所"视"现象，此即为对"导"的解释中引导的涵义。由此可见，"视"与"督"的目的均在于"导"，即教育督导应是"督而导之"。

2012 年，国务院颁布的《教育督导条例》明确指出，教育督导包括以下内容：县级以上人民政府对下级人民政府落实教育法律、法规、规章和国家教育方针、政策的督导；县级以上地方人民政府对本行政区域内的学校和其他教育机构（以下统称学校）教育教学工作的督导。也就是说，督导的对象既包括法律、法规、方针政策的落实，也包括教育教学工作的开展。2016 年 10 月 20 日，中共中央政治局委员、国务院副总理、国务院督导委员会主任刘延东出席深化教育督导改革工作会议时指出，教育督导是实行依法治教、提高教育治理能力的重要手段。

由以上可以看出，首先我们所谈及的督导或者教育督导，都是监督和指导，通常都是一个管理主体对另一个管理主体所施加的管理行为，它可以从客观上帮助或保证另一个管理主体有效履行职责，达到提高管理效益的作用。其次，我国的教育督导制度已经具有一定的历史传统，当前我国对教育督导提出了新的要求，体现了这一制度的重要意义。再次，教育督导制度的建立同时具备治理性和教育性的双重特征，督导的对象不仅包括涉及治理的法律法规和方针政策等，也包括了教育教学工作，对这两者的督导是相辅相成、缺一不可的。最后，教育督导的最终目的是促进教育优质均衡的发展。

（二）集团学校内部督导的内涵

学校的内部督导的提法主要是相对于外部督导而言。在国家和政府主导的教育督导制度发展过程中，打通了由上至下的一条监督、指导和改进之良性循环，然而对于学校——这一教育系统的最终环节的内部，也应该产生良好的微循环，确保和促进学校发展。尤其在当前集团化办学的趋势中，集团学校体现出了前所未有的特征。其一是规模之大，无论从校区数量、教职员工队伍还是学生群体上看，集团学校都具有比其他学校庞大的规模；其二是差异性之大，各校区均有不同的教师队伍、学校文化，如何计取最大公约数，在集团的治理下得以各尽优势、共同发展，是复杂的议题。集团学校的巨大规模和内部差异性决定了其必须建设有效的制度，协调发展，加快改进和响应的速度，避免庞大的机构带来缓慢的发展。因此，各类学校中均开始尝试不同内部督导机制的建立，史家教育集团也在率先探索之列。

为破解集团化建设的诸多难题，史家人基于系统调研和综合分析，形成了集团化办学的理念、战略、机制等顶层设计，创生了一系列教育综合改革的"史家经验"，集团成立了六个中心，其中包括督导评价中心，进行机制创新联动——以"协同机制""互通机制""荣点机制""复盘机制"和"督导机制"保障集团的良好运转。

史家教育集团六个中心的成立，五种机制的并行，很好地保障集团良好运转。特别是督导评价中心的建立，作为集团运转的有机组成部分，推动了内部督导工作。中心准确的定位，对内部督导职能的认识与理解，更好地促进与保障集团各校区的优质均衡发展。

二、集团学校内部督导的具体内容

（一）集团学校内部督导的机制建设

教育集团学校的成立及开展内部督导是教育改革的需要，是现代学校治理模式的需要，是实行"管""办""评"分离的重要举措。在"管""办""评"分离中，评价是反馈环节，具有重要的导向作用。学校要坚持"有人管、有人做、有效果"的原则，学校工作应该是一个完整的闭环，即战略规划——落实执行——监督反馈三个环节缺一不可。建立学校内部督导机制，才能使学校以育人为核心，强化学校质量，保证每一位学生健康快乐地成长。

因此，立足史家教育集团的实际情况，集团学校督导评价中心从监督、检查、评估、指导四项职能出发，确立了督导机制，见下图。

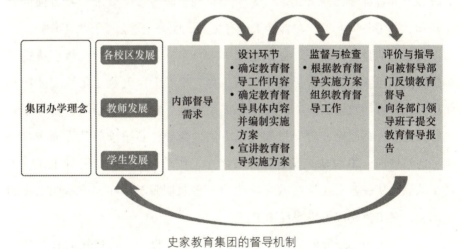

史家教育集团的督导机制

（二）集团学校内部督导的指标体系建设

如果说内部督导是学校发展的一把量尺，那么健全完善的督导评价指标体系则是这把量尺的刻度，刻度的精准决定着督导的有效性和针对性。

为了贯彻落实集团教育理念，促进史家教育集团内涵发展，创新优质教育人才培养模式，集团督导评价中心根据集团育人目标，确定了学生发展评估标准。该标准以集团学生创意表达、专注绽放，学生发展为评价指标体系。指标中包含创意表达、专注绽放一级指标，10 项 2 级指标及量化评分标准。

为完善教师管理和培训机制，激发教师发展活力，鼓励教师交流，努力建设一支有理想信念、有道德情操、有扎实学识、有仁爱之心的教师队伍，制定了教师发展评价指标体系。指标中包含教师培训、教师管理、教师交流、优势共享、发展绩效 6 项一级指标，二级指标 14 项及各项指标的分值，评分原则标准。

集团督导评价中心将在实践中不断对标准的适切性和有效性进行修改和完善，加强校内督导的规范性和科学性。集团内部督导不断发现新问题，发现新的生长点，已经成为推进集团教育改革的重要举措。

（三）集团学校内部督导的队伍建设

建设一支业务精良、素质高尚的督导队伍是做好督导工作的基础，督导教师应具备良好的业务素质，是学校管理、教育教学管理等各方面的骨干教师，熟悉各项业务，对督导工作有见解，能公正、公平开展工作。

在目前的督导工作中，集团选拔了来自不同学科的具有高级职称的教师担任兼职督学。面对督导这一项新工作，中心专门开展了集团专兼职督学培训。从督导政策法规、评价指标体系制定，督导方案撰写，督导报告内容，督导方案制定，督导过程记录方法，督导注意事项等几方面进行培训。通过培训，20 位从来没有接触过督导工作的人员对内部督导工作有了初步认识，从一名专业学科教师转化为一名兼职督学，在完成本职工作的基础上，又出色完成了集团督导工作。

集团学校内部督导的队伍建设不仅意味着建设一支可以按照指标体系完成督导工作的督学队伍，而且也正在建设一支自察自省，在反思和学习中提升的领袖教师队伍。

（四）内部督导与外部督导结合，更好地促进集团学校内涵提升

集团学校的内部督导评价不是孤立的、封闭的，而是开放的。内部督导必须与外部督导有效、有机结合，才能对集团学校的整体内涵提升形成

最优影响。在督导评价中心的配合下，集团学校 2016～2017 学年接受市区督导 9 次。2017 年 10 月，集团督导评价中心与区责任督学一起开展了对各校区培育和践行社会主义核心价值观的督导。本次督导特点是内部与外部相结合、专职与兼职相结合、培训与实践相结合。区责任督学是专职人员，具备专业知识，经验丰富，对督导工作有清晰的认识和理解，能创新督导工作方法。集团兼职督学由教师兼职，除了完成本人教学任务，还要完成集团督导工作，属于业余选手。工作是最好的学习体验机会，就如同师傅带徒弟一样，每项流程都是在师父的指导下，经过讨论达成共识。兼职督学通过参加此次工作，对督导时各环节如何开展工作有了实际的感受和体验，对督导工作的流程更加清晰，结合自己以前的督导工作，对督导的方法、对督导工作的认识更加清晰，使兼职督学向专业、科学方向发展。

三、集团学校内部督导的价值与功能

（一）集团学校层面

1. 以督导促建设，建立集团学校的良性循环

集团学校内部督导制度本身就是学校治理改革的重要组成部分，同时也是其重要推动力。相比其他类型学校，集团学校具有规模大和内部差异性大的特征，如此庞大的规模下，仅依靠外部督导或者推动作用来完成学校建设是非常困难的，因此急需一种内部的促进机制。内部督导通过提供及时准确的反馈信息，实现学校管理系统对教育质量的有效调节和不断提高，发现和及时处理教育中出现的"急性问题"，努力寻找并解决学校教育中存在的影响教育质量的"慢性问题"，实现高效的闭环控制。内部督导可谓打通了集团学校这一有机体的经络，有助于建立集团学校内部的良性循环。

2. 以督导促改进，确立渐行渐改的动态模式

鉴于集团学校这一有机体的庞大，传统的静态定点、上行下效的改进模式并不适用。集团学校的特性要求其必须在不断的行进中改进，而不能停滞不前或等待问题完全显现再着手。任何沉淀下来的问题或者未被及时解决的问题，都会造成大量的低质量工作，甚至耽误学生的长远发展。集

团学校内部督导正是确立这种渐行渐改的动态模式，这种线式的、持续性很强的督导模式，其跟踪和伺服的特性使它具有很强的及时性和准确性。有问题及时整改，是保证集团各校区在集团引领下共同发展的前提。

3. 以督导促发展，保障各校区发展优势各显、优质均衡

集团学校发展面临的一个重点和难点是各校区之间差异性较大，如何在保障各校区现有优势的前提下，实现教育质量优质均衡发展，是必须解决的问题。史家教育集团所建立的内部督导评价制度，在贯彻了集团办学理念的基础上，紧密结合各校区工作实际，突出重点，做到督促与指导并重，体现教育督导的导向性。深入实际，发现和关注各校区具有特色的工作经验，促进各校区的自主发展，突出教育督导的发展性。尊重被督导单位的主体地位，调动被督导单位的积极性，努力营造和谐督导氛围，展现教育督导的合作性。

（二）教师层面

1. 提高教师队伍水平，促进教育优质均衡

教育发展，教师为本。高素质专业化教师队伍是教育现代化的核心支柱，教师队伍质量的优质均衡，是保障教育质量优质均衡的前提。督导评价中心所设立的《教师发展指标体系》从对校区的要求出发，对其教师培训、教师管理、教师交流、优势共享和发展绩效等方面提出了具体要求。史家教育集团的内部督导体系，传递了为教师服务、为教师专业发展服务的价值理念，通过改进校区工作，提高教师队伍水平，进而促进了教育的优质均衡发展。

2. 激励教师不断创新，公平公正绩效奖励

为了促进史家教育集团内涵发展，创新优质教育人才培养模式，完善教师管理和培训机制，激发教师发展活力，鼓励教师交流，努力建设一支有理想信念、有道德情操、有扎实学识、有仁爱之心的教师队伍。通过督导各校区的教师发展，从评价指标体系反映出来的教师发展经验及问题，反馈给各位校区主管，改进校区教师工作。

（三）学生层面

无论是学校的发展还是教师的发展，最终受益者都是史家教育集团中的学生群体。通过学校提升，建立有利于学生发展的大环境，创设完整学校文化；通过对各校区的专向督导，明确了各校区符合学生特点的发展方向，如一年级校区注重孩子的行为习惯培养，二年级校区以伙伴文化为主线，实验校区通过构建课程生态圈促进教师发展，七条校区从身、心、智、趣四方面建设绿色、艺术和温暖的校园，高年级部标志性行为展示评价等。通过教师提升，建设有利于学生发展的课堂，形成有利于学生创意表达、专注绽放的课堂文化，让学生成为全面发展的和谐人。

四、面向未来的集团学校内部督导：需要进一步解决的问题

（一）增进理念沟通，保障督导工作真实准确

督导评价中心将增进与各校区、集团学校各部门之间的理念沟通，传达督导的价值与功能，以便集团学校中每一个个体和组织都能够充分理解督导的意义和指标体系，从日常工作到督导进行时，都能够提供有效配合和真实信息。

（二）严格专业审视，加强评价指标与方法的科学性

开展集团内部督导，科学性是基础和前提，需要进一步提升评价方法和评价指标的科学性。集团会聘请专家，通过集体座谈、集团内部调研等方式来进一步研讨和完善指标的设立与方法的采用，使得督导的指标和方法能够符合集团学校各校区的实际情况；科学反映共性问题，敏锐察觉个别问题，兼顾内部督导工作的治理性与教育性，使内部督导更加专业，提升集团学校各部门和人员对内部督导结果的信任。

（三）持续追踪协调，确保督导评价结果有效落实

内部督导评价是集团学校的有机组成部分，督导是一个督而导之的过程，最终目标是在集团学校内部要达成一种有目的的改变。为了实现以督导促改进，督导评价中心会持续追踪协调，确保各部门之间的沟通联动，积极反馈督导结果，不断完善督导评价的指标体系和方法，让督导评价的结果能够真正为集团各校区所采纳、所利用。

参考文献

[1] 田佳，孙博．关于我国教育督导制度中"督"与"导"关系的思考——对教育督导终极目标的追寻．教育探索，2012（3）

[2]《教育督导条例》，http：//www. gov. cn/flfg/2012－09/17/content_ 2226538. htm

[3] http：//www. moe. gov. cn/jyb_ xwfb/s6052/moe_ 838/201610/t20161022_ 285929. html

[4] 沈钟．试论中学内部教育质量督导体系的建立．苏州大学，2008

浅析在信息课上培养良好行为习惯的策略研究

鲍 彬

一、问题的提出

信息课自开设以来受到学生的喜爱，一方面是学生在课上没有学习主科那么高度紧张；另一方面计算机带来的魅力也是其他学科无法比拟的；再有信息课上课的地点也不是在本班教室。这都让学生感到放松。

虽然学生喜欢上信息课，可是一些问题也随之出现：上课铃声已经响过，进入机房的学生并不想安静地坐下来，而是兴奋地说着、笑着，老师的声音早被淹没了，等他们安静下来准备上课时间已经过了几分钟了；课中不需要小组合作，讨论时，总是想说就说，不顾及身边的同学；下课铃声响，学生们冲出教室，机房内鼠标、键盘随意码放，椅子东倒西歪，一片狼藉……这些现象每位信息课教师可能都遇到过。

随着电脑走入家庭、走入课堂，掌握技术对学生而言已经不是最重要的了，面对未来的竞争与挑战，如何在信息课上培养学生的健康人格就显得尤为重要。健康人格表现为一系列优良的行为，这些行为的主要内容是由良好习惯养成的。那么，怎样在信息课上培养学生良好的行为习惯呢？

二、研究的目的

孙云晓指出："习惯决定孩子的命运。"习惯的力量是巨大的，人一旦养成一个习惯，就会不自觉地在这个轨道上运行，如果是好习惯，将会终身受益。

很多学生是本着"玩"的目的来上信息课，至于习惯就不太注意了，先不说学生是否掌握了所学的知识，一些应该做到的上课习惯都没有做到。那么能不能在信息课上更好地培养学生的行为习惯，使学生终身受益呢？

三、研究的过程

学生到底都有什么不好的习惯，在培养学生养成好习惯的同时，是不是应该知道孩子们想些什么呢？在对学生习惯养成原因进行分析时，一方面要关注学生的行为，另一方面还要关注学生的情感发展。找到一些好方法，既能增强学生的自觉性，又激发了他们的习惯养成，从而达到培养的目的。

（一）行为习惯成因的研究

1. 学生行为习惯的调查

基于学生在信息课上的一些行为习惯，我们在学生中开展了调查。由于都是中高年级学生，一般的课堂行为习惯应该是了解的，平时班主任也是有要求的，所以我主要采取观察的方法，对学生进行调查。

在第一次课时，提出以下简单的几条要求，并且逐一解释说明、示范如何做，见下表。

行为习惯调查

项目	行为要求	学生表现
进入机房	安静，有序	
认真倾听	不打断别人讲话	
下课离开	把鼠标、椅子放回原位	

2. 学生行为习惯的分析

我记录下一些学生的行为表现：进入机房后还是边说边走，上课时随意打断老师或同学的讲话，还有的学生把吃的东西带进了机房，下课铃声响后跑出教室，也没收拾鼠标、椅子等。

为什么老师强调了，学生还是不按要求做呢？

（二）培养学生良好行为习惯的策略研究

1. 成因研究

回顾提出的要求：应该安静有序进入教室；老师讲课时或同学回答问题时，要先倾听；下课时，把自己位子周围收拾好再安静离开教室。要求并不多，也并不难。

我又反复查看记录单，发现学生有时只记住一项，有时干脆什么都不做，总是反复。在与学生交流中发现，有时是专业教室离教室远，有的是下课晚，有的是连续上主科，还有的就是上节课太兴奋，情绪还没稳定下来。那么能不能找到解决的策略呢？

2. 策略研究

（1）用明理规范行为。

静——静心，重视起始教育

每次进教室后，先静立几秒钟，再进入上课的状态，老师快速扫过每位学生，看一看他们是否做好上课准备了。曾有人说："论先后，知为先。"根据一些教育理论，要进行教育，应按照先入为主的规律。所以教师应重视课堂起始的关键时刻对学生进行教育，可以收到事半功倍的效果，看似耽误了几秒钟，但是对后面的课堂教学会省去很多麻烦。

净——干净，重视责任意识

计算机教室的设备可以说是"价格不菲"，"爱护公物"是我们对学生经常说的一句话，落实在信息课上，更是对学生良好行为习惯中责任心的培养。

例如，机房为了让机器正常运转，要求学生不带与课堂无关的东西进教室；操作中对耳机这样的易损坏设备，要轻拿轻放，使用后放回原处；鼠标在使用过程中，不拉、拽鼠标线；下课离开把椅子、鼠标、键盘等放回原位。在使用设备的过程中，要把上述这些设备违反操作会带来的危害讲给学生，要让学生明确，保护好机器，可以让自己操作更方便，也可以让其他同学更好地使用，从而一步步强化每位学生的责任心，自觉做到爱护公物。

敬——敬重，重视道德教育

计算机教室是许多学生共用一台机器，机器中难免会有他人的文件、资料，如何保护他人的文件不丢失、不毁坏，也是对学生学会尊重他人的教育。

例如，我们不要随意删除、修改别人的文件，如果大家都不遵守这样的规则，每个人辛辛苦苦做的文件，找不到了是什么样的心情。所以每个人都要有这样的意识，保证每个人都可以和谐地使用一台机器，这也是一种道德观念。

还有，遇到同学回答问题，有的学生不能耐心听完，总是去打断别人，老师这时要用眼神去暗示，或在课下与这样的学生进行沟通，让他学会倾听别人的发言，再发表自己的见解。

此外，在学习过程中强调作品不要出现暴力、对同学的言语攻击、不开过火的玩笑、文明上网等，都在体现着对别人的尊重，讲道德的表现。

（2）用训练强化行为。

叶圣陶先生曾经说过："习惯在于教师的训练和指导。"确实如此，良好的习惯不可能自发而成，必须经过指导和训练，由正确认识向良好习惯转化更需要训练，由不良习惯向正确行为转化也需要训练。作为信息课老师，可以利用一些多媒体手段对学生进行分层次、分阶段、有策略地培养，让学生在平时的每项教育活动中养成良好的行为习惯。

例如，利用一些小事、细节对学生进行训练。有的老师总说，这次算了，下次再说吧。可是你有没有想过，如果这次正好学生出现问题了，我们放弃了机会，下次学生还会出这样的事。老师发现问题时应该利用一切时机甚至创造时机给学生一种必要的练习，慢慢下去就可以使学生养成一种习惯。

（3）用评价落实行为。

如果平时只有说教、训练，而没有评价，对行为习惯的养成还只是停留在表面。正确的评价制度对形成良好的行为习惯起着重要的导向和监督作用。在对学生进行一系列的教育后，可以由少到多，制定一些合理的、切实可行的评比检查。

例如，针对机房的条件、学生的特点，设定一些表格形式的评比。开始只查进教室及物品归位，第三周开始可陆续加入位子周边的卫生、上课倾听情况、保存文件等，评比时可以采用颜色区分等级。在实施时可以把整个表张贴在机房内，使每一位来上课的学生都可以看到，这样，对学生进行自我教育可以取得较好的效果。自己班做得怎么样，一看表就知道了，与别的班的差距，自然也可以看出。

总之，学生主动参与、主动反思，自我教育的过程是落实良好行为习惯的重要途径。

四、研究的启示

陶行知先生就曾说："播种行为，就收获习惯；播种习惯，就收获性格；播种性格，就收获命运。"

新的时期，学生在课堂上不应只学习知识，还要教给学生怎么做人，在课堂上教师要充分调动学生学习的积极性，重视学生的行为习惯培养，设法创造一个愉快的生动活泼的学习气氛。

"勿以善小而不为，勿以恶小而为之。"培养学生良好的行为习惯应该要求学生从小事做起。在唤起学生良好行为习惯的意识后，正确加以引导，他们就会朝着好的方向发展。作为信息课教师，我们应该充分发挥自己学科特色，促进学生良好行为习惯的养成，培养他们好的品质，把行为的培养落在实处，为以后的学习、生活打下良好的品格基础。

给儿童以世界 给世界以未来

——史家小学以家国情怀为底蕴的系统育人模式实践研究

王 欢 王 伟

科技正载着人类社会驶向一个我们从未想象过的未来。教育传承过去、造就现在、开创未来。北京市东城区史家小学在办学过程中，基于对时代、对中国、对教育的全面审视，不断理清学校育人工作中的几对关系，从逻辑起点、价值追求、实践模型、课程变革和教师转型几个角度进行育人模式的重构，让学生有能力立足于这个充满变化的未来。

一、问题的提出

（一）读懂时代

"未来已经到来"，人们正在面临来自未来的挑战。有人说，当前我们面前摆着三盘棋：第一盘棋是人机博弈，在很多领域，人类已被机器超越，可有胜负之分。第二盘棋是文化博弈，世界各国在文化输出和文化理解的过程中争取共赢。第三盘棋是人与未来的博弈，从宇宙时间的尺度看，随着智能的跃升，未来世界对人类的挑战让我们很难清晰把握输赢。因此，我们必须反思我们的教育要给世界留下一个什么样的后代？我们应给予孩子哪些立足于未来的力量？我想，人类所特有的自主意识、社会情感、价值判断是机器无法替代的，而这正是教育的关键所在。

（二）读懂中国

在民族复兴、大国崛起这一民族使命下，我国的综合国力不断提升，尤其是在"一带一路"倡议等国家重大战略下，中国正前所未有地走向世界舞台的中央。我们培养的人才应该能够既对自己身处其中的文化有深入的认知和体察，又能够以自信、开放、包容、友善的大国胸怀理解多元的世界文化，并且能够在世界舞台上发出中国声音、传播中国符号，因为这是每一个中国人的家国责任与未来担当。

（三）读懂教育

回顾古今中外教育家对教育的经典论述，教育的目的是"长其善，救其失"，其内容是"给品德以力量"，其方式是"70% 的等待加 30% 的唤醒"。可以说，在我们的教育中，一以贯之的永恒主题是生命成长。"长成"是一种自然的状态，而"成长"与教育的干预有着重要的联系，蕴含无限的机遇和可能。作为教育者，我们应还原孩子成长的空间，让教育回归孩子的现实生活，使孩子在"长"的过程中达到"成"的目标，体验生命成长中的健康快乐。教育的价值在于让学生的生命在自主发展中成长，在教育唤醒中完善。

二、育人模式的系统构建

基于对时代、对中国、对教育的全面审视，我们有必要对学校现行的育人模式进行再思考。我们应从逻辑起点、价值追求、实践模型、课程变革和教师转型几个角度进行育人模式的重构，而这源自于对学校办学中存在的几对关系的厘清。

（一）逻辑起点——处理好中国灵魂与国际视野之间的关系

我们要把学生培养成为中国的世界人和走向世界的中国人，让其成为未来世界的主人。但是，全球经济时代的到来，我们在促使学生在观念、素养、视野等方面都能与国际接轨的同时，还要引导学生应对不良价值观念的冲击，以一种更加自信的心态，与世界平等的交流与对话。这一切源自于中国人特有的精神基因——家国情怀。

家国情怀是中华民族的文化精髓与价值逻辑，也是国际视野的精神依靠。家国情怀培育是立德树人根本任务落地的重要方式。而且，家国情怀是史家教育的精神基因。史家小学地处史家胡同 59 号，办学历史可以追溯至庚款留美事务的专设机构——游美学务处。中国现代一批杰出的学者、科学家、教育家和社会活动家，包括胡适、梅贻琦、竺可桢、赵元任、胡刚复等正是从这里走出国门走向世界，他们学成归来后肩负起振兴中华的重任。同时，学校毗邻外交部，长期以来积极承担教育对外交流的使命与责任，在大国外交中展示着当代教育的精神风貌。全体师生在这片特殊的土地上浸润熏陶，家国情怀已经成为史家人共同的精神基因。

（二）价值追求——处理好个人成长与社会需求的关系

在倡导个性化、多元化的今天，追求自我、实现个性已经成为现代人普遍而共同的目标。然而这也导致个体与个体之间的价值碰撞越来越激烈，个人价值与社会价值的矛盾凸显，并对青少年产生了负面价值影响，而这需要我们从教育价值观、人才观和知行观三个角度对个人与社会之间的关系进行厘清。

1. 教育价值观——个人价值与社会价值的统一

我们的教育应促使人的个人价值与社会价值的有机统一。我们在强调教育回归人的本真，倡导孩子自由生长的同时，不能忽视孩子作为一个社会人应有的责任和担当。

2. 人才观——道德发展与能力发展的统一

立德树人的内在逻辑就是道德发展与能力培养的统一性，就是打破德育与智育分离的二元论。立德之关键不仅在于认识道德规范，更在于养成道德判断的自主性品质和能力；树人之关键不仅在于知识和能力养成，更在于能够在一定的价值判断下，合乎道德规范的运用所学。

3. 知行观——道德认知与道德行为的统一

学生不是道德生活的"旁观者"或"局外人"，而应以一种"当事人"的心态，从道德规范的"知晓"转向道德行为的"志行"。

（三）实践模型——处理好整体转型与局部变革的关系

教育改革存在两条路径，一是从顶层设计开始，自上而下的建立学校育人目标、教育观念、课程规划；一种是从微观领域开始，例如从改变课堂教学开始，自下而上的逐渐引发学校的转型。然而，学校育人作为一个系统性很强的工程，其不仅仅是观念性的教育理念变革，也不仅仅是技术性的教学方式转变，而应是一个全局性、系统性的整体建构。

以史家小学为例，在当前教育综合改革的时代呼声下，打破"碎片化"现象，以整体建构的方式思考育人方式。学校牢牢把握时代脉搏与社会需求，坚守家国情怀这一教育底蕴，基于史家人 20 余年的和谐教育实践，构建了"以家国情怀为底蕴的系统育人模式"，以及该育人模式的实践模型——"种子计划"。

"种子计划"以史家人的精神基因——"家国情怀"为起点，以"和谐"教育为指导，以培养具有家国情怀底蕴的"和谐的人"为目标，将一位位学生视为一颗颗具有家国情怀基因的种子，旨在为他们提供良好的成长要素和育人环境，使他们尽可能充满活力、千姿百态而又具有共同的家国信念。"种子计划"基于内部突破，致力于形成"五大基本意识"和"五大基础能力"，从而夯实基础教育的基础；基于外部打破，致力于形成包括优质的课程、优质的项目、优质的教师、优质的资源、优质的机制在内的"五大优质"，为每一粒种子的生长内蕴优质的教育生态。史家和谐教育体系犹如一粒鲜活饱满的种子，深深植根于每一个孩子的幼小心灵中，伴其一生，惠其一生。

该育人模式以家国情怀培育为逻辑起点，进行办学理念支撑、实践模型构建，从而引发课程内容变革、学习方式转型、教师角色转型、组织架构变革，拓宽育人资源生态。可以说，史家教育触及教育综合改革的根本，从顶层设计到实施路径，探索出一条符合现代人成长规律的育人之路。

（四）课程变革——处理好未来社会与有围墙的学校之间的关系

"教室中央挂着一块黑板，课桌椅一排排地摆放，每个学生上课都要有课本，老师一个人讲个没完……这种教育模式早在 150 年前就产生了，主要适应于培养以务农和务工为主的劳动者。而未来社会，纯体力劳动者将是少数，就业结构将发生巨变，教育必须要做出革新和回应了。"这是日本学者佐藤学先生关于未来教育的一段论述。

随着未来社会的日益临近，让我们不得不反思，如果学生今天的课程学习依然如昨，我们就是剥夺了孩子的明天。未来社会的技术发展正在撬开学校的围墙。学校不再是社会文化的"高地"，教与学的路径正在变得越来越多元、越来越复杂。当学习成为一种体验，我们需要打破教与学的边界，打开校门办学，走出信息化"孤岛"，走进社会与生活。因此，重新定义学校形态，重新思考课程以及教与学的方式已经成为新时期学校转型中不可规避的重要课题。当前，史家小学正以"无边界课程"的构建促使学校的转型。

1. 课程理念

（1）课程目标——既定预设走向无限可能。不让课程的局限，禁锢成长的无限，而让课程的无限，拓展生命的可能。

（2）课程内容——内容封闭走向边界开放。课程不止于课堂，学习不止于教室。要突破传统教育的方法、方式、方向，突破条线育人的边界，突破符号学习的边界，突破单向成长的边界。

（3）课程实施——学科教学走向学科育人。学科的书本知识在课堂教学中是"育人"的资源与手段，是服务于"育人"这一根本目的的。

（4）课程评价——关注当下走向关注成长。不仅关注学生的当下所得与表现，更加持久关注学生的成长历程。

2. 课程模型

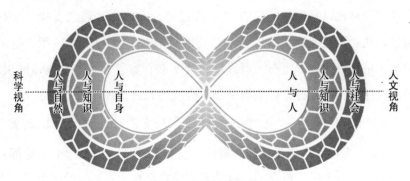

"无边界"课程模型

"无边界"课程模型内视与蒲公英种子同构、外观与无限大符号同形。无限大的符号让种子在五大和谐的理念中化茧成蝶，寓意着个个学生、颗颗种子在"无边界"的课程时空中飞扬无界、成长无限。

整个课程模型又形同望远镜，两个镜头分别代表科学视角和人文视角，意为我们关注学生科学素养与人文涵养的和谐发展。我们还基于五大和谐支柱，以学生从自然人向社会人的转变为成长向度，依次串联起五大和谐，最终指向具有家国情怀的"和谐的人"培养。

3. 课程图谱：两级三层课程体系

在"无边界"课程理念的指导下，学校构建了两级三层课程体系。所谓两级，是指课程整体分为两大层次：基础性课程和选择性课程。所谓三级，是指两大层次之下分为三个层级，其中基础课程对应核心课程和综合课程两层，选择性课程对应拓展课程。

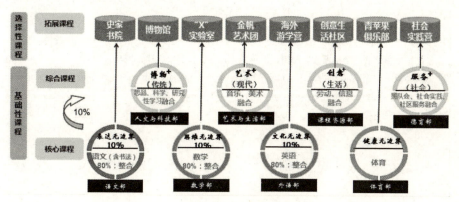

"无边界"课程图谱

（五）教师转型——处理好内生动力与行政命令的关系

学校改革动力源泉的转换是学校变革最深层次的转换。结合历史上数次教育变革的经验，学者们发现，教师们按部就班的教学工作轨迹受到改革带来的复杂性和不确定性的冲击，教师不自觉地成为消极面对改革的力量。但是，并不是所有学者对教师在变革中所承担的作用持悲观态度，有学者指出"在每一所学校里，都有一群可以成为教师领导者的'沉睡的巨人'，而这群人可以发展成为提升学生学习、推动改革的催化因子"。

可见，教师是学校变革的内生动力。因此，教师在这场教育变革中应做到如下角色的转换：教师不是行政命令的机械执行者而是教育实践智慧的生成者；教师不是学校管理的旁观者，而是专业发展的领导者；教师不是改革的被动执行者而是主动变革者。

在史家小学，作为学校育人模式构建的重要一环，学校积极构建"教师领导型治理结构"来促使教师角色转型：其核心要义是通过治理结构的调整实现权力关系的重构；其主体路径是构建教师专业共同体；其显著标志为"教师领袖"的不断涌现。

"我们给后代留下什么样的世界取决于我们给世界留下什么样的后代。"今天我们给予他们的，也正是明天他们给予世界的……培养学生掌握未来的能力，让他们拥有能够选择未来的力量是史家教育不懈的追求。史家小学将继续以家国情怀培育为底蕴，坚守基础教育底色和底线，以整体建构的方式进行育人模式的建构，探索出一套系统化的育人之路。

参考文献

[1] [日] 佐藤学著，李季湄译. 静悄悄的革命. 长春：长春出版社，2003.

[2] Katzenmeyer, M. , &Moller, G. (2009) . Awakening the sleeping giant：Helping teachers develop as leaders. (3rd. ed.) . Newbury Park, CA：Corwin Press.

把握契机　全面育人

——由准备一节主题队会引发的思考

陶淑磊

作为班主任，非常清楚一次有意义的活动所达到的教育效果往往大于日常的谆谆教导。如果教师能够很好地把握教育契机，那么每一次活动都会让学生全面成长，给学生以多方面的启迪。

反思我之前组织的主题中队会《和谐交往健康成长》的准备过程，我对"把握契机，全面育人"有了更深的感悟。下面我就从四个方面来阐述我的粗浅认识。

一、根据需要，选取最佳主题方案

召开队会，首先要确定主题。好的主题一定要符合学生成长的真正需要，特别是对于六年级学生来说，他们的自我意识在增强，对任何事都有了自己的思考，如果仅从老师的角度考虑主题，也许会事倍功半。

为了了解学生的真正需求，我在一节班会课上让学生思考之后写出自己的成长苦恼。收上来后，我发现绝大多数学生竟都谈到了同学间交往的不愉快让自己很苦恼，渴望和更多的同学成为好朋友。看到学生的真心流露，又联想到开学以来我时常解决同学间因说话不注意产生的矛盾，我初步决定根据学生的实际情况召开一节以《和谐交往健康成长》为主题的队会。

这一想法在征求意见时最终得到了全班学生的一致认可。大家很期待这节队会。

可见，任何活动的设计都要以满足学生的需求为目的，这样孩子们的参与热情才会高涨。

二、优化过程，不断提升学生认识

我们都知道过程胜于结果，学生准备队会的过程也是受教育过程，但教师一定要引导学生优化过程，不断提升学生认识，让学生真正达到自我教育的目的。

下面我以几个节目的准备为例谈谈孩子们的成长。

1. 小品来源于学生的生活，高于学生的生活

孩子们根据曾经发生的事情排了两个小品，分别是男生组的因活动时不小心互相碰撞却不及时道歉引发的矛盾；女生组的因看书时不耐烦解答朋友的问题，犯了小心眼的毛病，好朋友关系破裂。我看了他们的初步排练后，认为小品应更多地传递正能量，给大家以引领。于是孩子们在我的指导下改编了小品，结果孩子们认真排演的小品效果非常好，队会上得到热烈掌声，正能量自然传递。

2. 交流感受层层深入，提升学生的认识

在队会上有一个大环节安排的是几个同学在看完小品后交流感受。最初我让几个孩子针对小品内容写感受，稿子收上来后，我发现虽然都谈得很好，但是没有深度，角度单一。于是，我自己查阅资料后又深入思考了中华民族对"礼"的认识，明确了"和谐交往"的具体体现。我和几个发言的同学交流了认识，孩子们得到共识后都修改了发言稿。最终五位同学分别从以下几个方面展开，进行具体交流。

其一，同学间活动时如果不小心伤害了对方，应该主动真诚道歉。被伤害的同学也应该懂得宽容。

其二，在生活中，我们要勇于道歉。

其三，由《弟子规》中"凡是人，皆须爱，天同覆，地同载"谈起，希望同学们都能有一颗仁爱之心。

其四，同学间交往的时候要多换位思考。

其五，由本班同学写的宽容小故事来交流自己的感受。

事实证明，这样的修改的确在引领着学生全方面提升对和谐交往的认识，也反映了学习传统文化对孩子们的影响。

3. 感悟友谊，用我手写我心

在最初设计方案时，我们想到的是让学生朗诵搜集的赞美友谊的诗歌和名言警句。一天在彩排时，我忽然想到能否让学生自己写表现友谊的儿童诗？于是我找了几个热爱写作的同学，没想到他们第二天就交来了作品。我一看内容完全来源于孩子们的日常生活，很有童趣。另外，我们又想到让学生背名言，不如让大家在现场都写友谊卡，把自己最想对朋友说的话写在精心设计的卡片上，当场送给朋友，这样不是更有意义吗？这样的展示过程不是更能让学生动心吗？

正如大家所料，三组同学的诗歌朗诵非常精彩，他们的互送友谊卡环节成为队会的一个精彩高潮。当每个同学都得到别人送的友谊卡时，那种感动之情溢于言表。其中有两位同学还出人意料地把友谊卡送给了曾经发生矛盾的同学，孩子们当场握手言和，彼此表达着歉意。在场的所有人不禁热烈鼓掌。虽然当时外面是寒冷的天气，但孩子们心中却涌动着股股暖流，这难道不是"和谐交往，健康成长"的最好诠释吗？

队会的成功召开，正是得益于我们为了让学生更好地提升认识，在不断优化过程。没有最好，只有更好。孩子们正是在这样的准备过程中，锻炼着、成长着！

三、多元评价，全面促进学生成长

在活动中，教师要始终有一双善于发现的眼睛，及时捕捉学生的闪光点，及时真诚地鼓励，并且要为更多的孩子创设发展锻炼的机会。一个成功的活动一定是全员最大限度地参与，一定是参与的同学都在展示着最佳的自己。你给予学生多高的鼓励、多大的信任，学生就会回报教师多大的惊喜。

至今，准备队会的点点滴滴让我难以忘怀——

主题队会需要小队长整队报告人数，我把任务交给了七个往日淘气的男孩子。他们充分发挥了大嗓门的优势，整起队来很有队长的范儿。

一次新闻交流让我发现一位同学很珍惜锻炼机会。于是我给他安排了小品表演后发言的机会，他很激动，认真准备。队会上，他的声音最洪亮。从此，他在课堂上更积极参与了。

有四位女生平日是好朋友，很活泼。我便想到让她们根据大家齐唱的《礼貌歌》自己排练一个舞蹈。她们自从接受了任务，几乎每个课间都在练。队会展示时，她们的舞蹈是个亮点，吸引着大家的眼球。共同排练舞蹈，也让她们的友谊更深了。

几个往日曾和同学发生过矛盾的男孩子，被我安排创编一个小品。从此，他们课间可有的干了：设计剧本，反复排练。结果电教老师给他们录制时，他们的小品一次过关。这次排练也让他们和同学的交往态度发生了转变。

一位女生平日不爱说话，但她写的关爱故事质朴感人，我便让她把自己的故事背下来，队会上大声讲给大家听。本来我有些担心，但事实是她圆满地完成了任务，并且找到了自信。

两位主持人背词任务最重，但是在老师的鼓励下，他们不负众望。他们付出着，也在成长着。

……

太多的细节让我感慨，信任与鼓励对于成长中的孩子来说是多么的重要。每一次活动，教师都要当好伯乐，当好导师，让更多的孩子收获、成长。

四、家校协作，共同深化教育效果

家校协作，能够推动活动的顺利开展。这次召开主题队会，微信交流拉近了教师和家长之间的距离，家长的每一次点赞，每一次支持，每一次帮助，都极大地鼓舞我要尽全力组织好这次队会，给孩子们留下美好的回忆；都极大地激励孩子们要珍惜这次班级展示机会，珍惜和身边同学一起开展活动的机会。家长对同学间和谐交往的重视，也感染着孩子们要用真心善待身边的每一个朋友。

我们的游戏环节需要道具，我们的课件需要照片，是家长鼎力相助；

我们的节目总在不断调整中，时间又紧，是家长鞭策、指导孩子在周末背好刚刚改过的发言稿，不耽误周一的彩排；

马上就要召开了，可是班中几个孩子生病了，再换表演者根本来不及，是家长及时给孩子吃药，鼓励孩子要坚持、要振作，以至于我们的队会如期顺利召开；

　　我及时将孩子们队会准备情况、展示情况告知家长，及时发布相片、录像，得到家长大力响应，句句话语暖人心。我和家长成为更好的朋友，我们在共勉。

　　教师和家长之间的默契配合，不是也在诠释着"和谐交往"的深层含义吗？在这样的氛围下，我们的孩子怎能不感动，怎能忘记这次投入准备的主题队会，怎能不在日后的学习生活中继续践行、感悟"和谐交往，健康成长"？

　　一节主题队会展示早已结束，但它将引领我在今后的教育实践中继续把握好每一次教育契机，全面育人。

彩虹心愿　旗前绽放

——史家七条小学 2015～2016 学年度旗前教育回顾

吴　玥

升旗仪式是爱国主义教育的重要一课，国旗下讲话是德育教育的重要途径之一，人们经常简称为"旗前讲话"。近 20 年来，我们始终坚持旗前讲话这种教育形式，并对旗前讲话的形式和参与人员进行了一定的研究和尝试。近年来，参与的人员先后有过行政干部、党员教师、高年级学生代表、团员教师、全校教师轮排等。2014 年开始，我们尝试了以班级为单位，部分学生参与的旗前讲话，2015～2016 年，学校结合实际情况，深入推进以班级为单位的旗前讲话模式，各班结合班级特点，自主创意旗前讲话的主题形式和内容。这项举措虽不是首创，但在学校的德育工作中取得了良好的效果。

一、旗前绽放——促进班级成长

推行班级旗前讲话，一开始并不容易。毕竟是全校登台亮相，对教师的指导能力和学生的综合素质展示都是一个挑战，班主任老师压力特别大。我们曾经统计过各班情况，在校外学习乐器、艺术表演、体育运动的学生少之又少，有的孩子甚至当众讲话都打哆嗦。若是只有极少数的孩子有登台表演的经验，而大部分学生并不具备基本的表现力和表达能力，那么班级自主创意旗前讲话就是一个大难题。

正是基于此项调查，让学校德育团队坚定了以班级自主创意旗前讲话的决心。学校通过班主任工作会，分析现状，制定了让每一位孩子都要上台试一试、上台走一走、上台说一说、上台演一演的活动原则，因为我们坚信只有经历了才能有体会，只有体会过才会逐渐建立自信，有了自信才能期待绽放。学校给予班主任极大的自主性，放宽了主题选择，让老师们根据班级情况自主选题，创意形式、内容等，同时竭尽所能提供德育组所能给予的帮助。

在这样的情况下，班主任老师们更是把每学期一次的旗前讲话当作促班级建设提振班级凝聚力的良好契机，在新学期开学前就开始设计准备旗前讲话。有的班级更是提前一两个月就着手筹划。班主任老师们一遍遍指导着孩子们讲话的语气语调，一遍遍地辅导着舞台的手势动作，一遍遍地练习上场下场的队形……班主任老师们严谨认真的态度，就是对孩子们的影响和教育。班级里办事认真的孩子变多了，学习上努力刻苦的孩子变多了，在班主任老师榜样的带领下，班级氛围优化发展。

当一个班级完成精彩的旗前讲话后，学校的微信公众号会第一时间发布信息，向更多的家长、同学分享精彩时刻，这给予了家长、孩子、教师极大的鼓励，也对其他班级起到了一定的引领作用。于是，每周一旗前讲话成为班级之间相互学习的平台，在分享中学会欣赏，学会反思，以优促优，增强了班集体的凝聚力和创造力。

二、旗前绽放——促教育内化

德育教育既要有红红火火的大型主题活动，更要重视微小的常规教育细节，因为微小的教育细节更多地内化了教育的实效，是教育过程的真正延伸和推进。班级自主创意旗前讲话就收到了润物细无声的教育内化功效。

六（3）班的同学在五年级的时候是全校出了名的淘气，可是经过两个学期两次旗前讲话后，孩子们的变化特别大。第一学期，孩子们体会到了旗前讲话的成功，感受到了上台的紧张与刺激。第二学期，他们在班主任罗老师的带领下，以友谊为题进行的旗前讲话，感动得在场的老师、同学直掉眼泪。人们都说六年级的孩子不好管，可六（3）班到了六年级反而变得懂事了。旗前讲话的锻炼给了孩子们自信，孩子们主动承担了"零米粒"画展，在集团的主题活动中表现出色。就要毕业了，六（3）班又主动要求为学弟学妹们服务，做学校门厅画展更换的义工。日历一天天的翻过，每天似乎都是相同的，但是突然有一天，我们再回首从前，会发现孩子们发生了天翻地覆的变化。

二年级（3）班的小同学们也有着类似的变化，第一次旗前讲话，班主任老师带着孩子们在班里练了很多次，可等到登上礼堂的舞台，孩子们就不知道自己的站位了。虽然孩子们也很好地完成了朗诵表演，但是能从孩子们的眼神中看到慌乱、紧张和怯场。第二学期的旗前讲话，二（3）班的孩子们发生了突飞猛进的变化，同学们多才多艺，唱跳结合，一个个的小表情里充满了自信。

俗话说"台上一分钟，台下十年功"。一次次的上台展示，让孩子们越来越自信，自主创意的开放度让各班从自己的实际需要和可能出发，最大限度地让教育内化于学生的成长，对学生综合素养的提升起到了促进作用，班主任更加关注每个学生的进步和成长，班级的精神面貌发生了可喜的变化。每到班级讲话时间，孩子们都像过节一样期待、兴奋……

三、旗前绽放——内容丰富，形式多样

内容丰富，形式多样，这是班级自主创意旗前讲话的一个特点。

两个学期以来，旗前讲话涉及爱国教育篇、感恩公益篇、立志成才篇、明礼做人篇、崇尚科学篇、合作交往篇、环境保护篇、节日献礼篇、安全教育篇等等。孩子们吹拉弹唱，说演诵读，多种形式，丰富多样。

二年级（1）班的时间安排正好赶上"六一"儿童节前夕，同学们就给我们带来了一场30分钟的节日主题旗前讲话，弟弟妹妹们带领哥哥姐姐们过节，也是一种全新的体验呢！

一（1）班的四位小主持是清一色的小帅哥，他们以成长变化为主题，同学们在家都录制了自己成长的小视频，由老师编辑成班级成长视频在会场播放，老师们都为同学们点赞。

四（1）班的老师还给孩子们编排了表演唱，当天老师和同学们台上台下互动，共同表演。

六（1）班富有教育意义的课本剧，突破了旗前讲话以讲和说为主的传统，形式新颖。

六年级临近毕业，他们的《感恩的心》《成长回顾》《童年》等主题选择，让我们看到了孩子们对母校和童年的感怀。

教育本身就伴随着孩子成长的过程，也一定伴随着班集体进步的过程，而旗前讲话则见证了这一切。

四、旗前绽放促家校协同

教育家苏霍姆林斯基曾这样说过，"最完备的教育是学校与家庭的结合。教育的效果取决于学校家庭的一致性，如果没有这种一致性，学校的教学、教育就会像纸做的房子一样倒塌下来"。孩子的成长离不开家庭与学校的共同教育。家长的参与在学生的教育中占有重要地位。

学校把班级旗前讲话作为亲子沟通、家校协同的有效途径。第一学期，在低年级中开展了"亲子升旗"活动，请家长参与进来，和孩子一同登台对话。这个设计原本是为了辅助年龄尚小的孩子完成登台展示的任务，但是让我们惊喜的是，活动效果特别好：家长殷切叮咛，孩子听得专心致志，亲子互动让一年级的旗前讲话非常感人。

一年级的孩子们在老师的指导下，写下了上学 4 个月来想和爸爸妈妈说的话，爸爸妈妈们也当着孩子们的面宣读了开学时候写给孩子们的寄语。孩子们的纸上圈圈画画，大多数都是汉语拼音，充满了童趣。爸爸妈妈们的寄语写满了密密麻麻的词句，充满了对孩子们的爱与期盼。亲子同台，彼此分享，陪伴的同时也是见证。

第二学期，孩子们长大了，变成了我能做、我乐做的小勇士，他们自信的站在舞台上，争先恐后地施展着自己的本领，爸爸妈妈们此刻成为观众，拍照着、分享着，看到自己孩子的进步感到无比的骄傲和自豪。

五、旗前绽放——让 100％的孩子都体验

学校的教育活动面向的应该是全体学生，在活动中学生是主角。因此，学校坚持班级旗前讲话让学生全员参与、全面参与、全程参与，倡导学生做活动的小主人，在一次次的体验中快乐成长。自主创意旗前讲话，我们倡导高年级的同学自己当总策划者、总导演，这一举措把一个面向孩子的绽放平台交给了全体学生。

一批孩子脱颖而出，成为学校小电视台的主持人，红领巾广播站的播

音员，公益社的讲解员，多项比赛的获奖者……

100%！全校100%的孩子都登台参与、体验，成为小主人。我们相信，这个位置的变化一定会调动每个学生的责任意识，唤起他们参与的欲望，小礼堂大舞台就这样为孩子们的成长奠定了良好的基础。

一年来，看似平常的旗前教育30分钟，无形中成为班级教育成果展示的光荣时刻，精彩纷呈，为班集体的进一步成长奠定了良好的基础。

教育就在平实中。一年来，每一次班级自主创意旗前讲话都是扎扎实实的，孩子们经历了"由表及里""由里及表"的成长过程。目前七条小学的孩子们有了100%的体验，我们期待着新一学年度100%的绽放。

重拾小手绢　环保大梦想

——少先队主题教育活动案例

刘　迎

一、活动介绍

（一）活动目的

- 培养队员们节约用纸的好习惯。
- 增强队员们的社会责任感。
- 通过队员们自己的实际行动践行社会主义核心价值观，为国家的民主富强，实现中国梦作贡献。

（二）活动准备

- 设计、发放调查问卷及进行数据统计。
- 制作 PPT。
- 联系"芳菲绿色手绢计划"的工作人员录制 VCR 及宣传片。
- 进行校园采访及浪费水 VCR 的踩点、拍摄、剪辑。
- 改编录制《丢手绢》儿歌。
- 编排《手绢使用宣言》儿歌。

二、活动过程

（一）出旗仪式

（二）活动流程

1. 阐述活动由来，视频激发兴趣

辅导员和主持人通过对话述说此次活动由来，再播放两段视频让同学们观看并引发思考。

第一段：时间：午餐前

地点：教室水池旁

人物：几个同学排队洗手

事件：同学洗完手之后，连抽几张纸巾，迅速擦完手，把纸巾扔进纸篓。

第二段：时间：午餐前

地点：某餐厅洗手池处

人物：几个同学洗手

事件：同学洗完手之后，没有纸巾，随便甩甩手，结果水池旁边一片水，差点儿滑到。

2. 人人关注现象，各组汇报过程

视频播放后，主持人发问：这样多不卫生啊！有没有一种办法能够避免这种现象的发生呢？

（1）调查问卷得出惊人结论。

我们注意到纸巾使用的问题之后，在辅导员刘老师的指导下设计了一个小问卷，想了解一下中午同学们洗一次手大约使用多少纸巾。我们向 12 社区中队的同学发放了 200 张问卷，并进行了数据统计，最后再汇总。

PPT 出示问卷：关于使用纸巾的调查问卷并逐题汇报进行数据分析。

第一题：请问你午餐前洗完手用什么把手擦干？

A. 纸巾　　　　　　B. 不擦甩甩

C. 手绢　　　　　　D. 其他（请说明）

选 A 的有 130 人，占调查人数的 65%；选 B 的 55 人，占调查人数的 27%；选 C 的 15 人，占调查人数的 8%，没有人选 D。

第二题：请问你一般用几张纸巾擦干手？

A.1 张　　　　　　B.3 张左右　　　　　　C. 好几张，没数过

选 A 的有 146 人，占调查人数的 73%；选的 46 人，占调查人数的 23%；选 C 的 8 人，占调查人数的 4%。

第三题：请问你觉得用纸巾擦手是一种浪费行为吗？

A. 是　　　　　　B. 不是

选 A 的 129 人，占调查人数的 64%；选 B 的 71 人，占调查人数的 36%。

第四题：请问你想没想过用手绢擦手呢？

A. 想过　　　　　　B. 没想过

选 A 的 126 人，占调查人数的 63%，选 B 的 74 人，占调查人数的 37%。

第五题：请问你愿意用手绢擦手吗？

A. 愿意　　　　　　B. 不愿意（请简单阐述一下原因）

选 A 的 160 人，占调查人数的 80%，选 B 的 40 人，占调查人数的 20%。选择不愿意的同学，基本上是因为携带不方便和清洗不方便。

最后，调查问卷组的同学根据统计结果得出以下结论：通过我们的调查计算，得知我们 4 个中队午餐前洗手大约用纸 350 张，照此推算，三至六年级队员午餐前洗一次手就要用大约 5000 张纸巾。这个数字还是挺出乎我们的意料的。

（2）小记者采访知民意。

首先播放小记者采访视频，请小记者们谈拍摄感想以及他们得出的结论：通过我们的采访，我们得知大家还是很有环保意识的，认为用纸巾虽然浪费，可是用习惯了；虽然有点儿麻烦，但是也愿意接受用小手绢擦手。

（3）调研组大数据说明问题。

调研组对资料进行梳理陈述：

①无论是一组同学统计的数字，还是二组同学进行的采访，暴露的不仅仅是我们学校的问题，而是整个社会的问题。随着一次性纸巾过度使用，森林消失、能源浪费、水源污染、垃圾剧增及健康隐患也接踵而来。

②作为全球仅次于美国的第二大纸巾消费市场，我国每年消耗 440 万吨一次性纸巾，需每年砍伐 7400 多万棵 10 年生的大树。而中国森林覆盖率还不到 17%，远低于国际生态安全的保障线。

③环境保护迫在眉睫！说到环境保护，很多人会想到植树造林。但是，同学们，你们知道吗？根据联合国统计的数据，如果每人每天使用 8 次小手绢，那么两个人每年就可以保护一棵 20 年树龄的大树！

④一棵 20 年的树木，每年可以释放 1000 千克的氧气，可以固化一辆汽车行驶 16 公里排放的污染物，可以防风固沙、调节气候、涵养水源。

⑤一棵 20 年的树木，转眼之间就化为 5000 张纸巾，可能只是两个人一年的消耗，也可能只是一家餐馆几个月的废物。也就是一组同学统计的我们三至六年级学生中午洗一次手的用量。也就是说，我们中午洗一次手，一棵生长了 20 年的大树就消失了。

3. 引入芳菲手绢计划解难题

主持人阐明缘由：我是学校阳光公益社的成员，一直对公益事业比较关心，有一次妈妈带我参加了她的好朋友刘芳菲阿姨倡导的"芳菲绿色手绢行动计划"活动，通过这次活动我得到了启发。

插播芳菲 VCR 并介绍"芳菲绿色手绢行动计划"及中央电视台主持人刘芳菲对于班会、对于同学们倡导使用小手绢的支持和嘱托。

4. 爱手绢小组发起倡导重拾小手绢

（1）倡导。

手绢儿，本来是我们日常生活中常见的一种用品，中国人对它还有着特别的情感。但是，不知道从什么时候开始，小手绢儿不见了。在餐馆里，在家庭中，我们随处可见纸巾的使用。有时，人们用大大的一张餐巾纸可能仅仅为了擦掉一颗小小的水珠。我们在这里向同学们发起呼吁：为了我们的环境和健康，请大家重拾小手绢，少用纸巾，为了促进人类与自然的和谐，请大家重拾小手绢！实现我们环保的中国梦将不再是遥不可及！

（2）绘制。

同学们在新编《丢手绢儿》儿歌的伴奏下绘制小手绢，并向大家阐述自己的设计理念。

（3）辐射。

与此同时，向 12 社区中队的队员们发放小手绢，号召身边的小伙伴重新使用小手绢，节约用纸。

（4）宣言。

为了让大家更好地使用小手绢，我们还创编了《手绢使用宣言》儿歌。

你拍一，我拍一，小小手绢要爱惜

你拍二，我拍二，随身携带叠成块儿

你拍三，我拍三，可以用来擦擦汗

你拍四，我拍四，每天清洗没污渍

你拍五，我拍五，咳嗽喷嚏它来捂

你拍六，我拍六，坚持使用最优秀

你拍七，我拍七，专人专用不乱弃

你拍八，我拍八，节约环保人人夸

你拍九，我拍九，中国的梦想心中有

你拍十，我拍十，社会责任我尽职！我尽职！

5. 队员们畅谈环保梦

在我们筹备班会的过程中，同学们也越来越关注身边的环保话题，那么除了我们今天的主题，大家对于身边的环保还有哪些良策呢？咱们来采访一下？

同学们畅所欲言。

6. 辅导员总结寄期望

看来队员们都很有环保的意识，但是更主要的是我们要付诸行动一切才有可能。

今天我们的主题中队活动很成功，很有意义。我也来谈谈我的感想。

第一是感谢：我要特别感谢队员们！今天参加中队活动，让我不由得一次次回忆起我的童年。今天我也跟大家一起设计了自己的小手绢——像个书法斗方作品"形影不离"，意思是小手绢从今天开始和我形影不离，童年的美好记忆和我形影不离，环保的梦想和我形影不离。能够重拾起我的小手绢，重拾起童年快乐温暖的记忆，要特别感谢大家。

第二是佩服：我非常佩服队员们，你们小小年纪就能够通过自己的观察，发现一种不好的现象之后进行了大量的调查，还能够得出数据和结论，从而进一步思考解决这个问题。作为中队辅导员，我觉得你们特别了不起！我为你们这种环保的意识，这种自主科研的精神，这种高度的社会责任感，感到骄傲。

第三是希望：希望队员们通过自己小小的善举，为实现我们富强民主的社会主义核心价值观，为实现每个人心中的中国梦做出积极的贡献！不仅如此，作为世界公民的一员，我们的善举还会影响整个世界，为世界的环境影响做出积极的贡献。

三、退旗仪式

四中队长宣布："重拾小手绢环保大梦想"主题队会到此结束！

史家小学关于加强和改进基层统战工作研究报告

梁　晨

一、统一战线工作的重要地位

1939 年 10 月撰写的《（共产党人）发刊词》中，毛泽东指出"统一战线，武装斗争，党的建设，是中国共产党在中国革命中战胜敌人的三个法宝，三个主要的法宝"，高度肯定了统一战线在中国革命战争中的重要地位。

历经民主联合战线、工农民主统一战线、抗日民族统一战线、人民民主统一战线和爱国统一战线等几个重要的历史阶段，统一战线始终是中国共产党战胜困难、夺取革命和建设事业胜利的重要法宝。

2015 年 4 月 30 日，中共中央政治局审议通过了《中国共产党统一战线工作条例（试行）》（以下简称《条例》），这是中国共产党关于统一战线工作的第一部党内法规，规定了各领域统一战线工作的方针政策，具有战略性的指导意义。同年 5 月 18 日，中央统战工作会议召开，这是十八大以来中央层面首次召开统战工作会议，并对统战工作提出了许多新思路和新要求。

"人心是最大的政治"，统战工作通过尽可能地团结一切可以团结的力量而发挥着凝心聚力的重要功能，而基层统战工作作为党与统一战线成员建立广泛联系的最基础环节，通过了解统战成员的思想行为动态、收集统战成员关注的社会热点难点问题，掌握他们的政治诉求和利益关切，从而建立信息传输互动渠道，在沟通中协调各方关系、化解各种矛盾冲突，使党的路线方针政策在统战成员中得到有效贯彻执行，巩固党的群众基础。

二、"统一战线"的含义

《条例》中指出，统一战线"是指中国共产党领导的、以工农联盟为基础的，包括全体社会主义劳动者、社会主义事业建设者、拥护社会主义爱国者、拥护祖国统一和致力于中华民族伟大复兴爱国者的联盟"。简而言之，统一战线是指在中国共产党领导下的无产阶级团结一切可以团结的力量，为实现中华民族伟大复兴的中国梦而砥砺奋进的联盟。

三、史家小学统一战线工作

史家共有民主党派和无党派人士教师 8 名，满族、回族等少数民族教师 58 名，成员中还有伊斯兰教信仰教师，学生包含美国、加拿大、澳大利亚等国籍，统战成员众多，统战工作涉及面广，情况较为复杂，这对我们的统战工作提出了不小的挑战和要求。结合党和各级领导部门的统战方针政策，史家小学的统战工作主要有以下几个方面。

（一）民主党派教职工统战工作

1. 民主党派思想建设和组织建设

学校面向全体教职工组织教师微论坛、微党课等政治宣讲活动，加强对成员的政治引领，将成员的思想意志统一到培养社会主义事业接班人和实现中国梦的伟大使命中来，夯实统一战线团结奋进的思想政治基础。史家设置专职统战委员，各党支部也设立统战委员，宣传统战政策，传达统战精神。同时，史家积极支持民主党派各项活动，促进民主党派工作的顺利开展。

2. 发挥民主党派参政议政和民主监督作用

史家定期召开统战工作会议，并固化成为史家常规性工作，党组织向统战成员汇报工作，尤其是汇报学校即将实施的重大决策及方案、学校教师关心的重点热点问题，虚心听取民主党派教师意见建议，发挥民主党派参政议政和民主监督的政治功能，加深彼此感情，妥善协调矛盾分歧，形成上下交流互补的良性循环。

我校特级教师万平作为北京市东城区第 13 届和第 14 届政协委员参加政治协商会议，为东城发展建言献策。

（二）民族宗教统战工作

1. 增强学校教师民族团结意识

发展民族教育的关键是建设一支具有强烈爱国主义精神和民族精神的干部教师队伍，为此，史家特别注重加强教师民族团结教育意识，提高教师将民族教育意识融入教学过程的能力。

史家积极组织学校教师参加民族教育教学大赛，不仅锻炼了青年教师的教学能力，同时教师通过教育教学实践，推动了民族交流、交往、交融教育在课堂的渗透，为拓展学校民族教育体系的内涵打下坚实的基础。

2. 创设全方位民族教育体系

对学生进行爱国主义、民族精神、民族政策和民族团结教育，一直是史家教育工作的重中之重。我校充分挖掘各种教育资源，开设了一系列民族教育活动，创设了具有鲜明史家特色的全方位民族教育体系。

（1）将民族教育融入常规教育，提升学生道德素养。

史家积极倡导"和谐"教育理念，使学生在互相尊重、互相学习、互相欣赏的氛围中快乐成长。例如组织全校师生开展以"绽放笑容，大方问好"为主题的"问好"活动，一个微笑、一声问好，体现了尊重，体味了快乐。在"和谐"教育理念引导下成长起来的史家学子在对待不同民族同学的态度上更加平等，更加包容。

学校还开设"史家书院小主讲课程"，讲授内容丰富多彩，主要侧重于民族传统建筑、中国茶艺、民族乐器、戏剧艺术等。小主讲课程不仅使学生增长了知识，拓宽了视野，也增强了学生对民族文化的喜爱、理解和认同，培养学生的爱国热情，弘扬民族精神。

（2）将民族教育融入节日庆典，铸造学生团结意识。

在少数民族节日期间，学校各班级及少先队都会举行主题班队会活动，邀请少数民族同学介绍本民族的礼仪、饮食文化及各民族在诚信、孝敬、节俭等方面的习俗，使学生认识到民族不分大小，都有各自的特点与优势，都应该受到尊重。

学校还举办民族礼仪知识大赛，全校同学热情参与，活动使学生对民族礼仪知识有了更进一步的了解，并能转化为自觉的礼仪行动，努力争做文明有礼的史家人。

（三）港澳台统战工作

我校非常注重加强与港澳台地区学校的文化沟通交流，每年假期都会组织学生奔赴台湾开展"中华传统文化台湾研习营"学习交流活动。同学们参观台湾地区民族的传统民居，了解台湾节日习俗，与台湾的小伙伴一起参加活动，感受台湾文化的无限魅力，埋下热爱祖国、传承文化的种子，加深两岸学生情感，为密切两岸民众交流做出努力。

在港澳统战工作方面，史家 2004 年即与香港、澳洲国际学校成为友好校，每年定期开展内容丰富的学生互访活动，十多年来共有上千名学生参与其中，在拓宽学生国际化视野的同时，更加深了京港两地学生情感互动与融合，为实现香港的长期繁荣稳定发展作出贡献。

四、研究结论与反思

学校在近几年的统战工作探索中，初步形成了以上具有史家特色的统战工作内容与经验，并制定出统战工作相关制度。例如，史家统战工作例会制度、向民主党派教师征求意见制度、民主党派教师政治学习制度等，通过制度建设促进统战工作规范化，充分发挥统战工作团结统一、凝心聚力的政治功能。

习近平总书记多次强调指出，要巩固和发展最广泛的爱国统一战线，寻求最大公约数，凝聚改革共识，汇聚改革正能量，为实现中国梦提供广泛力量支持。因此，今后史家基层统战工作要以建立健全统战成员利益表达机制、加强党对统战成员政治引导为重点，探索工作方法，创新工作形式，充分发挥基层统战凝心聚力的政治功能，实现基层统战工作新突破、新成效。

参考文献

［1］毛泽东选集（第 1 卷）. 北京：人民出版社，1991
［2］中国共产党统一战线工作条例（试行）. 北京：华文出版社，2015
［3］王鸿杰. 中小学党组织书记专业化发展的思考. 学校党建与思想教育，2007（4）
［4］叶娜. 基层统战工作科学发展的现实困境与对策建议. 湖南省社会主义学院学报，2017（2）

浅析心理学在班级教育中的运用

——家校沟通促进学生健康成长

许觊潘　李丽霞

　　重视培养小学生的合作交往能力是人一生的发展，学会独立生活，学会适应社会，友好与人共处是一个社会人的基本能力。这也是我们班级引领孩子们努力做到的。

　　事件发生：午饭后，刚刚进班，只听得班里的同学们纷纷大声地喊着："不好啦，小 W 打人啦！"

一、家访

　　小 W 父母都是高知家庭，哈佛大学留学生，通过家访了解，小 W 从两三岁开始，只要做错事，得到的教育就是父母一顿打，这种状况一直持续到二年级后半学期。他的成长环境中几乎没有同伴。爸爸妈妈平时工作都非常忙，与孩子在一起的亲子活动时间有限，孩子放学后总是独处在家里，再加上他本身的攻击性行为，所以几乎就没有小伙伴。其中，有一个非常重要的因素，就是在妈妈的成长记忆里，"棒打出孝子，棒打出人头地"一直伴随着妈妈的成长，妈妈的成功就归功于姥姥的棒打教育思想。所以这种教育映射就反应在教育自己的孩子身上，小 W 就是在这样的环境下成长，打人是他与别的同学的交流方式。

　　班中调查显示：全班 43 人，一二年级共有 23 人与小 W 有过摩擦，最后固定在 6 个男同学经常有冲突，4 名女同学经常受到欺负。小 W 在班中没有朋友。

二、原因分析

　　敏感、多疑、攻击行为、同伴交往障碍。

小 W 经常会把别人无意的行为误解为对自己怀有敌意，甚至把别人的善意曲解为恶意，与同学的关系紧张。

（一）交往障碍的原因分析

造成小 W 人际交往障碍的原因有哪些呢？归纳起来，大致有以下两种。

1. 家庭的溺爱

小 W 是独生子女，是父母的"小太阳"，无论什么事都由着孩子的性子：任性、蛮不讲理、不屑与人沟通、不愿与他人交往合作。

2. 个性的缺陷

小 W 在他人面前盛气凌人，影响人际关系；小 W 具有嫉妒心理，看到别人学习比自己好，能力比自己强，就会心怀不满，甚至攻击他人，严重地影响了人际交往。

（二）多疑和敏感的家庭原因分析

1. "我"的家庭因素

小 W 做错事，父母就会不分青红皂白地打他一顿，小 W 挨打以后，容易产生抵触情绪。这种情绪一旦"转嫁"到别人身上，就容易出现打别人出气的行为。

2. "我"受遗传因素影响

有些攻击性强的儿童可能存在某些微小的基因缺陷。

3. 环境因素对"我"的影响

小 W 在暴力的家庭环境下成长，所以攻击性心理大大加强。

4. "我"的挫折感

小 W 在家做事或活动时经常被大人干扰，长期不能达到成功，所以产生的一种失败感。这种挫折感使小 W 感到不痛快，往往通过侵犯行为来发泄自己的不满。

5. "我"犯错后不正确的强化作用

按照条件反射原理，小 W 侵犯行为的结果对其侵犯行为的过程来说，是一种奖励性强化。如小 W 通过侵犯行为，达到了一定目的，满足了某些要求的话，所以小 W 还会继续采用这种手段。

6. 父母对"我"的不合理保护（不能吃亏心理）

当小 W 与伙伴发生争斗或者合不来时，大人们经常会出于各种考虑不再让孩子出去玩了。不与同伴进行任何交往对小 W 的身心健康特别是心理健康产生很不好的影响。

四、对策与实施效果

（一）加强父母意识，正确教育孩子

让小 W 的父母意识到望子成龙的心情是可以理解的，指导父母帮助孩子去控制、调整、疏导和管理自己的内在情绪，但绝不是压制。

1. 教会孩子懂得宣泄自己的感情

要教会孩子懂得驾驭自己的感情，把自己的烦恼、愤怒用一些正确的方式宣泄出来，尽可能使孩子的攻击行为减少到最低的限度。

2. 创造一个不利于攻击行为的环境

引导小 W 的父母控制自己的情绪，不再打骂孩子，避免让孩子看有暴力镜头的电影、电视，不让孩子玩有攻击性倾向的玩具，不在孩子面前讲有攻击色彩的语言。在孩子面前，夫妻两人要注意交流方式，不要把打骂的交流方式呈现给孩子。

3. 对孩子的攻击性行为进行冷处理

冷处理就是暂时对小 W 的攻击行为不理睬。当小 W 在外面与人打架后，父母应对其表示冷漠，并让其在房间里思过，自己反省，而不要对他呵斥、打骂。

4. 培养孩子丰富深厚的思想情感

接受小 W 对自我不满。父母要从各方面关心他、爱护他，可以让孩子通过饲养小动物来培养孩子的仁爱之心和爱怜之情。

5. 一定要让孩子认识到攻击行为错的原因

对儿童的攻击性行为，如打骂他人等，应及时给予批评教育，而不能用简单、粗暴的打骂来处理，要和孩子及时沟通，耐心地倾听孩子的解释，让孩子感受到被尊重。

6. 对孩子进行适当的奖惩

父母还可以对他改过的行为进行奖励，给予口头表扬，适当的时候也可以给予所喜欢的物质上的奖励。而当小 W 的攻击行为比较严重时，必要时可以给予惩罚。

（二）及时进行家校沟通，家校协同

在和小 W 家长联系时，因为妈妈也是敏感多疑创伤心理，所以优先考虑与父亲沟通。请爸爸能够在家中与孩子的亲子活动中，通过讲故事的形式让孩子懂得"吃亏是福"的道理。

小 W 性格多疑与他生活的家庭氛围有关，加强和家长沟通为孩子提供轻松的家庭环境。在家庭生活中，当小 W 出现成绩不好或者犯错误的情况时，建议爸爸妈妈对孩子多鼓励少批评，多关心少打骂，争取为小 W 营造一个温馨、和睦、充满爱的家庭环境。

教育学生学会结缘不结怨。学习生活中的交往做换位思考的体验，利用游戏，让同学们说说小 W 的优点，重新认识小 W 的优点，以开放的形式接受他。引导小 W 学会微笑，见到同学就微笑，表达自己的友善，学会和好朋友交往，学会正确地面对自己的错误，并且尝试主动道歉。

在班级工作中，强化责任感培养，充分创设个人发展空间。小 W 的英语口语是非常棒的，英语老师可推荐他做英语广播主持人。

家校协同，沟通无限。电话、记事本、微信……每天的家庭记事本上记录孩子在学校的闪光点，建立父母对孩子的信心。引导父母与学校形成合力，共同努力。每一条温暖的微信，都记录着对父母教育思想的引领，教育方式的建议。

在孩子成长的过程中，形成家校合力，最终为孩子健康成长助力！

集团化办学背景下名师工作坊有效研修方式的研究

杨　丽　　陈凤伟　　吕闽松

教师队伍是学校教育教学质量的根本保证，是学生以及学校可持续发展的关键因素。2013 年史家小学成立了名师工作坊，经过几年的实践研究，我们已经探索总结出名师工作坊的管理机制、选拔机制、运行机制、保障机制、评价机制，名师工作坊已经成为史家小学教师培训的一种新常态，有效促进了学校教师在课堂教学、科研能力、课程开发等方面的发展，起到了培养优秀教师基地的作用，为我校的教育人才培养注入新的活力。

史家集团化办学后，教师人员构成由原来的史家校区教师团队扩展为史家校区、史家七条校区、史家实验校区共同组成的史家教育集团教师团队，但各校区骨干教师资源分布并不均衡，教师教学水平、教学能力有很大差异。名师工作坊担负着培养、引领集团教师开展常态化研修，促进教师专业发展，带动集团各校区教师均衡发展的任务。

但是，目前在工作坊研修活动中，在内容、方法和评价上都存在诸多问题。研修活动很多，但哪些研修活动对教师发展更有效，更符合教师发展需求，还不是很清晰。基于此，我们在之前的研究基础上继续深入研究，探索总结集团背景下工作坊的有效研修。

一、梳理名师工作坊已有的研修活动

史家集团工作坊成立三年来，各个工作坊开展丰富多彩的研修活动，根据活动的内容我们梳理出已有的研修活动，包括：教学研讨会、展示课、评优课、等课堂教学交流活动，集体备课、集团教研、学区教研、市区教研等团队教研活动，课题研究、主题研讨等科研研讨活动，专家讲座、沙龙论坛、参观学习等交流活动。

二、问卷调查分析

根据已有的研修活动，我们对教师进行问卷调查，问卷调查主要从人员基本情况、教师对有效研修的评价、工作坊有效研修对教师的影响、取得的成绩四方面进行调查。通过问卷分析，我们看到工作坊研修为教师搭建成长的平台，已经成为史家教育集团教师培训的一种新常态。

三、形成有效的研修方式

（一）校际融通式研修方式

1. 教师参与一体化

集团工作坊主持人由各个校区特级教师、北京市学科带头人、北京市骨干教师、"紫金杯"班主任特等荣誉称号的学校优秀教师以及在各个校区某一学科成绩突出、特色鲜明的教师构成，成员由若干骨干教师和培养对象组成，主持人和成员双向选择。每个工作坊成员都由各个校区的老师共同参与，打破了各校区界限，还有一部分其他集团的教师也参与进来。

工作坊发挥骨干教师的辐射带动作用，发挥特色教师特长，开设包括语、数、英、音、体、美、品生、品社科学等学科工作坊，传媒、粘土动画等特色工作坊，班主任、新任教师等教师培训工作坊。

各校区参与人数多，史家校区 171 人，占任课教师的 70%；七条校区31 人，占任课教师的 80%；实验校区 36 人，占任课教师的 50%。

2. 教学研讨常态化

开学初，每个集团工作坊制定好计划，至少每月开展一次集团教研，并与区教研中心对接开展一次学科活动。各个校区成员以及相关学科教师参与教研，除集团教研，各个工作坊有自己的教研活动时间，各个校区工作坊成员准时参加。每次教研有主题、有内容、有记录、有反馈。

3. 教师培训区域化

各个工作坊依托史家集团的全体教师培训项目开展各种培训活动。"史家教师微论坛""国博课程培训""家庭教育指导师培训"等一系列培训项目的推进，逐渐使教师能够以研究者的角色进入教学实践，对自己的教育行为加以审视、反思、研究、改进，从而以一种更加专业、不可替代的身份参与到教育改革中，进而获得专业身份认同与集团身份认同，使教师在培训中成长。

4. 教学活动联动化

各个集团工作坊在坊内、坊间开展课堂教学、主题研讨、特色课程丰富多彩的教学活动。比如，语文工作坊联合教研，单元整合落实高效课堂，阅读实践提升语文素养联合教研；数学的"游戏化学习在综合实践活动课中的运用"主题教研；传统文化课程经验交流的课程展示。

史家工作坊作为优质资源，为推进城乡一体化的改革，为顺义、平谷等地区的学校送课，发挥工作室成员的带动和辐射作用，积极承担延庆二小青年教师培养和培训任务。同时，史家集团创造给教师外出学习交流的机会，学习国外、外省市的先进理念、管理经验，运用到工作中。

以集团工作坊活动为载体，有力提升了集团教师的整体发展意识、沟通合作意识和主动担当意识，迅速积聚了集团教师的智慧与活力。

（二）导师引领式研修方式

1. 以主持工作坊的名师为导师

名师工作坊主持人推介自己的教育思想、教学经验，影响、带动工作坊成员一同提高。从理论到实践，从教育专业到学科专业，实现多层次、多方面的引领。主持人给成员制订学习、研究专题和任务，指导方法，提供机会，做出评价。成员进入工作坊之初，在主持人的帮助、指导下，分析自己的专业基础，确定发展方向与目标，制定《个人发展规划》，明确发展方向。导师带领成员立足教学，开展实际的教育教学科研等活动，为更多的老师搭建了发展的平台。

2. 聘请区教研员为导师

我们依托区教师研修中心的专业力量对入选集团工作坊的教师进行培养，聘请区教研员和教科所老师作为工作坊导师，指导集团工作坊的研修工作。工作坊主持人与导师共同制定集团研修计划，联合教研室，每学期开展以史家集团为主体的区级教研，在教研员指导下开展课堂教学、校本教研，每位入选教师既能得到区教研员的引领，也能得到工作坊主持人的指导，从而在教育教学的理论与实践上得到同步提升。

3. 聘请北师大教授为导师

为工作坊主持人及市区级骨干教师聘请北师大教授作为导师。在三年时间里，史家教育集团内各个工作坊的 180 名骨干教师，在北京师范大学专家团队的指导下进行共 18 期集中培训课程。旨在指导集团内骨干教师经历教育科研的全过程，提升他们规范地从事教育科研的能力，掌握实施研究课题的方法。

4. 聘请专业名师为导师

史家教育集团聘请中国工程院院士、神舟飞船首任总设计师戚发轫，著名历史学家阎崇年，著名书法家王祥之，中国历史博物馆群工部主任齐吉祥，国家体育总局体育科学研究所所长张良、副所长冯连世，国家一级作曲、中国著名音乐人孟可，北京人艺著名导演唐晔，著名演员胡军，著名歌手汪正正，北京京剧院国家一级演员姜亦珊等成为"史家教师成长导师"，分别助力史家科学教师团队，博物馆课程教师团队、书法教师团队、体育教师团队、音乐教师团队、教工戏剧团、京剧课程教师团队，使教师得到专业的引领与提升，促进了教师专业化多元发展。

（三）团队互助式研修方式

在名师工作坊，教师不再是孤军奋战者，而是专业社群中的一员。在这个集体中，每个人都是很好的教育资源，他们智慧互补，经验共享。主持人和成员互相交流课堂教学得失、心得体会，以求头脑风暴，思想碰撞，或互勉共进，形成教研团队。把团体合作学习方式引入到工作坊教研活动中，为教师之间进行信息交流、经验分享和专题研讨提供操作平台，强化合作意识，实行资源共享，做到优势互补。以工作坊为教研团队，教师们针对教学活动共同备课、研讨、交流、反思。为成员教师提供互助合作的平台，激发青年教师的教育热情和智慧。

（四）主题研究式研修方式

每个名师工作坊都有自己的研究主题。以课题推动研修活动，在工作坊承担的课题中，全体成员都要参与，主持人组织开展主题式的教学研讨活动、教育科研活动、案例研究活动，通过任务驱动型的专题研究，提高成员的科研理论水平和解决实际问题的能力，并尝试在实践中运用。成员在导师指导下撰写研究论文或案例等，形成成果。承担的课题 20 余个，包括国家级 2 个、市级 8 个、区级 8 个，参与各级各类课题 21 个。

四、研究效果显著

（一）名师效应

只有大师才能教出大师，几年来工作坊主持人作为导师，带领工作坊成员开展研修，在研修过程中他们的敬业精神、人格魅力和专业水平充分体现，起到示范引领作用。工作坊发挥骨干特长组织成员积极参加各级教育部门的各项教学研究，努力给成员创造学习、锻炼、展示的机会，他们一起研读教学方法、总结经验，使得许多成员积累更多的教学经验。各个工作坊聘请教研室老师作为导师，每位入选教师既能得到工作坊主持人的指导，又能得到区教研员的引领，从而在教育教学的理论与实践上得到同步提升，而每个工作坊成员在学习期间又带动各教研组教师，起到了很好的示范带动和引领的作用，逐步扩展优秀教师的数量，随着教师水平的提升逐渐形成了一个较为庞大的名师网络。同时集团与北京师范大学合作启动骨干教师培训项目，以北师大教授为导师，以专家讲座、专题调研等形式为骨干教师提供拓展性、体验性的学习，以人为镜，可以明得失，由此给教师们提供了更好的空间和更多的学习机会，通过与名师的互动整体提升教师的专业发展。

（二）区域效应

名师工作坊不仅在坊内开展教学研讨活动，还与区教研室合作，在区、学区范围内展示本工作坊就新课程改革或其他某个前沿问题的教学探讨等活动，并开展区级、市级优质课展示活动。各个工作坊还经常开展坊间联动，通过更多的交流与合作扩大工作坊的影响力并吸取他人的长处与优点，相互促进，有利于促进区域内教师均衡化发展。

（三）团队效应

一个好的团队是一切工作的起点，在工作坊研修活动中教师可以互助合作，优势互补，协同发展。工作坊作为一个专业共同体，具有共同的价值取向，一致的工作目标。而这种积极进取的学习型组织也塑造着每一位教师，他们相互影响，相互促进，不断学习，不断反思，不断超越自己，充分发挥各自的创造力，成长速度惊人。

"能用众力，则无敌于天下矣；能用众智，则无畏于圣人矣。"在东兴杯教学大赛、北京市微课程录制、各种国家级市区级赛课、观摩课等教学活动中，工作坊团队发挥了极大地团队作用，使教师们取得了一次次优异的成绩。这些成绩更说明了一个好的团队可以完美地弥补个人无法克服的困难、超越个人无法逾越的障碍。

（四）主题效应

工作坊通过任务驱动型的专题研究，提高成员的科研理论水平和解决实际问题的能力，并尝试在实践中运用。实践是检验真理的唯一标准，能够应用于实际工作当中更有益于活动的开展，同时扩大主题的影响力。几年来，工作坊通过扎实有效、丰富多样的课题研究，促进了教师和学科教学的共同发展，更为集团教师搭建了广阔的空间和舞台，教师的科研意识和科研能力不断提升。

名师工作坊有效研修调动了教师专业发展的主体作用和主动精神，提升了教师的专业素养，促进了教师的成长，推动了教师队伍的专业发展。打造了一支能适应现代教育需要的教师队伍，形成专业化教师群体。名师工作坊研修为各校区教师提供了学习交流展示的平台，培养了大批骨干教师，为骨干教师队伍快速发展提供了成功的案例。本课题的研究对促进教师专业发展，促进集团教师均衡发展起到了积极的推动作用，并提供了有益的经验和借鉴。

参考文献

［1］杨光伟. 基于教学主题的工作坊研习模式在学科骨干教师培训中的应用. 浙江教育学院学报，2011（1）

［2］左瑞红，李锋. "工作坊"在学前教育专业实训教学中的应用. 教育探索，2013（10）

［3］黄建辉. 特级教师工作坊：一种有效的教师专业发展模式. 教学与管理，2013（4）

［4］阮晓琴. 教师工作坊——促进在职大学英语教师职业发展的有效途径. 江苏外语教学研究，2010（5）

［5］郑碧波. 工作坊式协作学习教学模式研究. 中小学心理健康教育，2010（8）

［6］张志. "个案研究工作坊"的内涵. 北京教育（普教版），2009（1）

［7］上海中小学教师"国培计划"走进"作坊"模式. 光明日报，2011-1-19

［8］林志淼，蒋凤春. 工作坊式教师培训模式初探. 中小学教师培训，2014（8）

幼儿园小朋友上学意向调查及分析报告

曹艳昕

一、调查目的

在我做"幼小衔接"课题的过程中，开始思考一个问题：幼儿园即将升入小学的孩子们对"上学"这件事的看法是什么？当我们了解了孩子们的想法，才能更好地调整我们的策略。

二、调查过程

在史家小学一年级部向幼儿园开放的参观活动中，我向前来参观的 23 名小朋友进行了口头访问。考虑到访谈对象的年龄特点及当时的环境情况，我只设计了两个访谈问题：①你想上学吗？②为什么？在学生和小朋友互相表演节目的时候，我采用了轮流访谈录音的方式完成。

三、访谈结果

依据当时的访谈录音，我制作了下表。

访谈结果

序号	你想上学吗	为什么
1	想	学校的操场好
2	想	能学习
3	不想	越来越没时间玩儿了
4	想	想学习知识
5	想	到小学可以认识很多新朋友
6	想	不知道，大家都想我也想
7	不知道	还没想过这个问题
8	不知道	

序号	你想上学吗	为什么
9	想	可以交好多好多朋友
10	想	上学有意思，有许多好玩儿的事，在电视上看见小学有许多好玩儿的事
11	不想说	
12	想	看电视里的小学有校车，想坐一次
13	想	可以学习
14	想	没想好
15	想是想	可是我比他们小，我很好奇学校的生活
16	想	学校里很好玩，看书的地方好玩
17	想	学校能听好多的东西
18	想	懂的知识越来越多
19	想	上学能学拼音能认字
20	想	能学很多知识
21	想	上学能学到很多知识
22	想	我想多学点英语
23	想	上学可以学好多知识

四、访谈结果分析

首先，我们从想上小学的人数统计中看到，参加访谈的小朋友一共有23位。其中：回答"想上学"的有19人，占82.6%；回答"不想上学"的有1人，占4.3%；回答"不想说"的有1人，占4.3%；回答"不知道"的有2人，占8.6%。通过数据可以看出，23名小朋友中，1人不想说，2人没想好，剩下20位有明确答案的孩子里，绝大多数的小朋友是想上小学的。

其次，我们从孩子表述的原因中进一步分析。20位有明确答案的孩子中，明确表示不想上学的只有1位，他不想上学的原因是"越来越没时间玩儿了"。可见，在这个孩子心目中"玩儿"是特别重要的一件事情，学习要往后排。而且从孩子的用词"越来越"中，我猜想：家长在学前给这个小朋友应该是安排了很多学习内容的。那么，其他想上学的小朋友是不是就不爱玩儿了呢？我们再来分析一下。

在 19 名想上学的孩子中，有 10 名小朋友的回答中明确提出了和学习有关的字眼，占所有访谈小朋友的 43.5%。另外 9 名想上学的孩子里有 2 位是因为感觉学校好玩儿，还有 2 位是因为可以交朋友（我个人认为这 2 名小朋友交朋友的目的是一起玩的可能性大一些），剩下的 5 个同学中有 1 人因为学校操场好，1 人因为想坐一次校车体验一下，1 人觉得对学校很好奇。由此可见，这 3 名小朋友想上学的目的，跟学习没有直接关系。另外，还有 2 人没想好。

从以上数据中我们发现，即将入学的儿童，对学校充满了好奇和向往，但是，大多数学生对真正的学习生活没有实质性的了解，对自己即将面临的学习任务和学习责任还没有充分的心理准备。这样的心理状态对于入学后即将到来的学习任务和学习中可能出现的困难，学生的应对将会出现不适应。

五、对家长的建议

根据以上访谈结果分析，我对即将入学的小朋友的家长和其他教育者提出如下建议。

建议一：要客观地把小学生活介绍给孩子，不要过分夸大小学生活的好玩儿和新奇

这些表面的兴趣引领，不足以支撑学生未来 6 年的学习时光。当学生进入小学一段时间后，对学校的新环境适应了，没有了当初的激情。需要什么来引领他们今后的学习？

建议二：要给小朋友渗透家庭责任的意识

作为家庭中的一员，每个人都要为我们的小家庭做出贡献。比如，爸爸经常出差，是为了给妈妈和孩子挣钱，让我们可以生活得更好，当你想吃冰激凌的时候可以买到，当你想要大玩具的时候也可以买到。妈妈每天回家洗衣服、做饭，这就是妈妈为我们家做的贡献，当你想吃饺子的时候妈妈就能让你吃得香香的、饱饱的。那么，小朋友是怎么给家里作贡献的呢？以前，我高高兴兴地去上幼儿园，爸爸妈妈就能安心干自己的工作，这就是我的贡献。以后，我也每天高高兴兴地上学，还是在给家里作贡献。如果我因为努力学习，取得进步，得到了老师的表扬，爸爸妈妈工作时就会更加开心，那么我的贡献就更大了！

建议三：要给小朋友渗透对老师和家长的信任意识

小学生活比幼儿园要丰富多彩：你会交到新朋友，会学到新游戏，也会学到新知识。你知道吗？在这么多新东西里面也许还会遇到小小的困难来捣乱。这些小困难，也是我们成长过程中的一次进步的机会。你小时候，每发一次烧，身体里的抵抗力就增强了一次。唐僧到西天取经，每战胜一个妖怪，就离西天更近了一步。唐僧遇到妖怪的时候害怕了吗？没有！他是怎么做的？他请孙悟空和其他神仙来帮忙，把妖怪赶跑了。你们也一样，当你遇到困难的时候，就去找爸爸妈妈和老师来帮忙。我们一起把困难赶跑！

六、对老师的建议

根据以上访谈结果分析，我对一年级班主任及任课老师提出以下建议。

（1）开学第一周，给学生一个缓冲适应的过程。作息安排上，建议：中午午休让学生在桌子上趴一会儿，闭上眼睛听老师讲故事。有的孩子听着听着就睡着了，下午能有更充沛的精力。

（2）在环境上，建议：在班级中摆放一些玩具和图书，类似于幼儿园的玩具角和图书角。玩具可以有闯关球、魔尺、拼图、解锁、系带子等比较受学生欢迎。图书的内容就更加广泛了，拼音读物、儿童期刊、绘本等都很受欢迎。学生课间有了这些图书和玩具，心理上感觉像回到了幼儿园，因此对学校更多了一份亲近少了一份陌生。

（3）在座位安排及同伴关系上，建议：教师多多观察学生在学校的表现，有些融入环境慢的，或者早上到校情绪不佳的学生，教师要多多关注，给这些孩子安排座位的时候要选择开朗大方没有攻击性的孩子做同桌。老师可以鼓励孩子每天交几个好朋友，记录他们的名字告诉家长，比一比谁认识的朋友多。

（4）在最初的教育工作上，教师要带学生参观校园，认识几个重要的地方，如饮水机、厕所、卫生室、传达室、自己的教室和班主任的办公室，让孩子遇到困难有地方去。而且班主任要特别注意：刚上学的孩子不会独立课间活动，有的还等着老师带领去外面玩耍呢。这时候教师一方面要鼓励学生到外面活动，另一方面要指导学生安全有序地进行室外活动，防止安全事故和同学打闹造成的伤害事故发生。

（5）对于任课教师的建议：适当放低纪律要求。比如，个别同学上课期间想上厕所，教师可以给学生讲清要求，然后允许学生去上。

（6）教师应适当组织教学，不能一节课完全枯燥乏味地练习站、坐等基本内容，要把组织教学和教授新课相结合，让学生在知道要求的基础上努力完成要求，同时完成学习内容。

（7）教师教学内容应放缓一些，开学第一个星期要时常组织教学，提示课堂常规要求，适时训练。因此，教学内容可以安排得宽松一些。

（8）教师教学方式尽可能灵活多样一些，增加一些游戏环节和情境，多让学生参与其中。除了"听讲"的学习方式以外，多增加一些学生动手操作环节，坚持每节课进行"课中操"。

一纸明信片　一份暖心情

张　滢

　　二年级的语文书中，有一课《邮票齿孔的故事》，讲述了邮票诞生后，因为整张连排造成使用不方便，由此引发了一位英国绅士的思考，发明了邮票齿孔，并传遍世界沿用至今。关于邮票的来历、用途，二年级的娃娃们觉得非常新奇，产生了很多有趣的问题，如：为什么要写信？信是怎么从一个地方寄到另一个地方的？要是紧急的事情寄信会不会耽误事情呢？现在有电话、微信，还有必要写信吗？……孩子们课上的一连串问题，引发了我的思考。

　　21世纪初，电子邮箱逐渐走进了人们的生活，但基本上还是延续了传统书信的功能。早期用邮箱和远方的家人或朋友沟通，不少人依旧保持了传统写信的格式与风格。但随着近几年智能手机的普及，大量社交软件的出现，信息沟通变得越来越"快餐化"。失去了对着信纸字斟句酌地沉思和酝酿，"生日快乐"变成了"生快"，绝交变成了"友谊的小船儿说翻就翻"。传递信息的时候，没有敬语，没有格式，自创的"别字"，各种面孔的表情充斥着屏幕。"从众化"的网络语言充斥着每一个人的生活，躁动的时代里安静的心无处安放。而在快节奏的生活中，人们只看到书信的信息传递功能，却很少看到其中的情感因素。书信文化确实在没落，但不会消亡，因为它能激发起人们内心最深处的共鸣。史家是书香校园、和谐校园，史家的孩子们怎能不懂得爱，要让我的孩子们心中有爱，善于表达爱，用暖暖的爱意温暖彼此，创建一个和谐美好的学习生活氛围。于是，我带着孩子们跟随着一张张贴着小小邮票的明信片，我们的爱之旅开始起航了。

　　"五一"小长假前夕，我在班会课上给孩子们讲授了明信片的书写格式，随即布置了一项创意作业：无论你到什么地方，给你心中想念的人寄一张明信片，写出自己的真情实感。等收到明信片后，我们来交流一下。

孩子们如快乐的小鸟一样，在阳光明媚的五月飞向了四面八方。小长假结束了，明信片也纷纷寄了回来，每天孩子们见面都会兴奋地聊起来，惊喜、快乐、感动映衬着每一张笑脸。安安说住院的爷爷收到了他寄的明信片，立刻写了回信委托爸爸带回来，叮嘱他要锻炼身体，健康学习。小伟说，加班很长时间的爸爸收到明信片后立刻马不停蹄地赶回家，请他吃了美味的比萨，还说不能让心爱的宝贝难过。童童和爸爸妈妈去日本旅行，把富士山的明信片寄给了姥姥、姥爷，他们开心地说跟随着他的明信片，他们也仿佛看到了富士山美丽的风景……每一个发言的孩子都神采奕奕，侃侃而谈，他们的话语里有着满满的骄傲、自信，还有着一种独特的喜悦和幸福。我告诉孩子们我也非常开心地度过了一个特别有意义的小长假，因为我也陆续收到了很多孩子们寄来的明信片，感受到了他们对我的惦念，其实被人思念，被人关心的感觉就是幸福。孩子们也开心地告诉我，他们也很幸福，而且因为自己的创作给别人带去了幸福，他们特别高兴！

此后陆续得到了家长们各种渠道的反馈，无一例外地被这一张小小的明信片唤起了浓浓的怀旧情绪，对往日时光的思念，对今天幸福的品位。他们说，陪伴着孩子们自己也寄出了明信片，用文字表达对亲朋好友的思念。这种久违的感觉真好！

"书信本是有情物"，这种传统文化形式，有着独特的功能和魅力，浓浓的爱意就这样被一张张信笺传递着。在这样"速食"的时代，寄出一张明信片更有意义。挑选一张明信片，亲笔写上想说的话语，这个过程所体现的心意显得尤为珍贵。在快节奏的生活中，这种"落伍"的沟通方式非但不过时，反而因此充满了深沉的爱与思念、悠远的人生韵味而更加让人感动。

常年任教低年级，每每讲到这一课《邮票齿孔的故事》，都会带领着孩子们重温一次书写、寄送明信片带来的温情与感动。时至今日，每每收到孩子们寄来的明信片，分享他们的快乐生活的同时，也品味着他们心底涌动的那一股股对师长的思念，这样的幸福只有做老师的人才能深深体会得到。学会爱的表达的孩子纷纷长大了，他们会把真挚的爱大方地传达出去，让身边的人都能感受到爱的温暖与关怀，这不正是教育要传达的力量吗！